要介護認定調査の評価判断ポイントがわかる本

最新のケース事例でやさしく解説

しあわせ居宅介護支援事業所代表
今田富男

日本実業出版社

本書の使い方

　本書は2つのパートで構成され、「PART 1　これだけは知っておきたい！　認定調査の基礎知識と仕事内容」では認定調査全般に共通する事柄を、「PART2　ケース例・選択理由でわかる！　基本調査項目ごとの評価・判断ポイント」では項目ごとの調査ポイントを掲載しています。そして、各項目で認定調査員テキストには載っていない、判断に迷うケース例を掲載し、その選択理由も解説しているのが本書の大きな特徴です。

認定調査票の項目に沿って、その項目全体について簡潔にまとめています。

この項目群に共通する、特記事項に記載する内容と記載のポイントをまとめています。

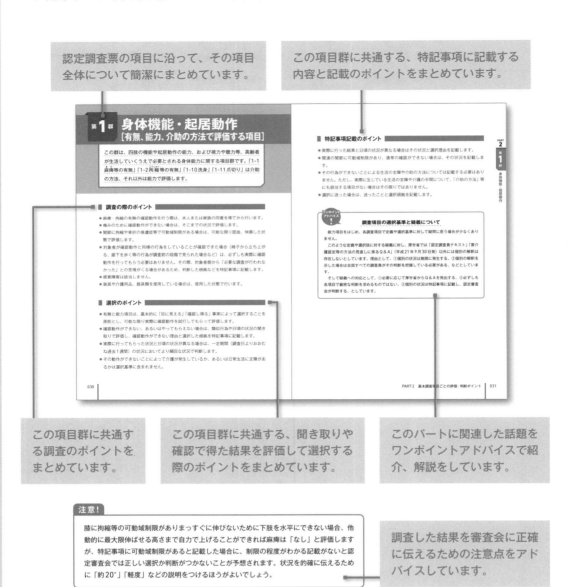

この項目群に共通する調査のポイントをまとめています。

この項目群に共通する、聞き取りや確認で得た結果を評価して選択する際のポイントをまとめています。

このパートに関連した話題をワンポイントアドバイスで紹介、解説をしています。

調査した結果を審査会に正確に伝えるための注意点をアドバイスしています。

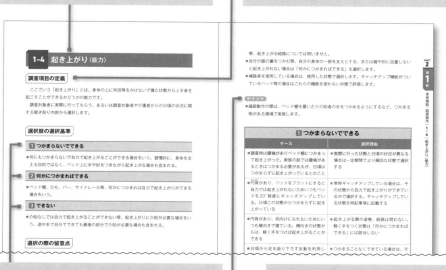

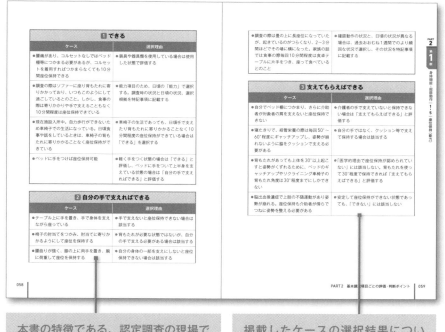

はじめに

　要介護認定は介護保険制度の根幹であり、1号被保険者や介護サービス利用者の増大で調査対象者も増え続けています。

　そのため、要介護認定は認定有効期間の延長や認定審査会の簡素化などでの対応が迫られ、更新認定調査は4年に1回、また、要介護度判定は調査員が記載した特記事項が審査会委員の目に触れないままに決定される場面も見られるようになりました。

　これらの経過を考えると、要介護認定調査員の職責は以前にも増して重くなっていると言えるでしょう。

　厚生労働省の「要介護認定 認定調査員テキスト」に記載されている調査項目は要介護者の生活状況が広く反映されたものですが、要介護者自身が置かれている状況はそれぞれ違うため、実際の調査では評価や選択肢に迷うことが少なくありません。

　筆者自身も長らく介護認定調査にあたり、「認定調査員テキスト」や市販されていた認定調査の解説書を読んでも判断に迷うケースを数多く経験しました。私のこのような経験が、同じように判断に迷っている認定調査員の方の手助けになるのではとの思いから認定調査の解説書を発刊するに至りました。

　本書は、実際の認定調査で遭遇する、判断や評価に迷ったり間違えやすいケース例を多数紹介し、「認定調査員テキスト」をもとに、厚生労働省や各都道府県、保険者等が示した判断を根拠に、筆者自身のこれまでの経験から得た考え方を交え、選択根拠などをわかりやすく具体的に解説したものです。

　また、本書の中では、ローカルルールがあるケースや、認定調査員の間でも判断が割れる第4群の項目などでは、SNSで全国の認定調査員の方々にアンケートを取らせていただき、その結果を各項目の判断ポイントなどに反映させています。

　コロナ禍の影響で今でも対面での認定調査ができないケースがある状況ですが、そんななかにあって本書が介護認定調査の一助となり、ひいては日々の認定調査業務の効率化に寄与することを願ってやみません。

2023年11月　　　　　　　　　　　　　　　　　　　　　　　　　　　　今田富男

※本書は、2017年9月にナツメ社から発行された『要介護認定調査員　調査・判断の重要ポイント』を全面リニューアルし加筆・修正したものです。

要介護認定調査の 評価 判断 ポイントがわかる本
もくじ

ふろく

カバーデザイン／志岐デザイン事務所（萩原 睦）
カバーイラスト／萩原まお
本文デザイン・DTP・イラスト／マーリンクレイン

1 要介護認定について

要介護認定までの基本的な流れや、関係する人々の役割と資格等について知っておきましょう。

■ 要介護認定の位置づけ

　介護保険の被保険者が介護保険によるサービスを利用するためには、介護の必要性の有無やその程度について、保険者である市町村から認定（要介護認定）を受ける必要があります。

　この要介護認定は、市町村職員等による「要介護認定 調 査」（以下、認定調査）で得られた情報および主治医の意見に基づき、市町村等に置かれる保健・医療・福祉の学識経験者から構成される「介護認定審査会」（以下、認定審査会）において、全国一律の基準に基づき、公平、公正に判定が行われます。**要介護認定は介護保険制度の根幹となるものなので、認定調査は認定調査員テキストを用いて公正かつ的確に行われることが重要です。**また、認定調査を基にしたコンピュータソフトによる一次判定から認定審査会における認定まで原則として要介護認定等基準時間と呼ばれる介護の手間の判断によって審査が行われるという考え方は、介護保険制度が実施されて以来現在も変わっていません。

　認定調査員テキストは介護保険制度がスタートした2000年以来、認定調査項目や定義、選択基準について3年ごとに見直しが行われ、2023年12月現在は2009年9月発出の「要介護認定　認定調査員テキスト2009改訂版」（厚生労働省）が基本的な内容は変更なく使用されています。

　＊最新のテキストは2018年4月版で、要介護認定の基本設計、特記事項の記載方法と留意点、受けているサービスのサービス項目など、説明文章の一部修正や追加が行われています。

■ 要介護認定の流れ

　要介護認定の最初の段階である一次判定では、認定調査における基本調査69項目と主治医意見書の「心身の状況」「生活機能」からの5項目を合わせた74項目の結果から要介

護認定等基準時間や中間評価項目の得点を算出し、要介護度の結果が示されます。要介護認定では申請者の状態像（認定調査の基本調査で把握した調査結果と、これらを総合化した指標である5つの中間評価項目得点を合わせて「状態像」と呼ぶ）に関する情報は基本調査で把握し、これを介護の手間の総量である要介護認定等基準時間に置き換える作業はコンピュータで行っています。この要介護認定等基準時間に「状態の安定」「認知症高齢者の日常生活自立度」を加味して得られた一次判定を、認定審査会において、選択された選択肢や特記事項と整合性が取れているかの確認が行われ一次判定が確定します。

　一次判定は統計的な手法で介護量を推計して行われますが、統計的な推計になじまない固有の手間が特記事項や主治医意見書に記載されている場合は認定審査会において一次判定の結果に縛られずに要介護度の変更を行うことが認められており、認定審査会で介護の手間にかかる議論が行われて最終的な要介護度である二次判定が決定します。そして、その結果に基づき保険者である市町村等が要介護認定を行います。

要介護認定にかかわる人々と役割

　要介護認定は各種専門職やいろいろな業務を行う職員によって運営されます。認定調査員、主治医、認定審査会委員、認定審査会事務局、これらすべての方々の適正な参加によって認定作業が行われます。

　主治医は主治医意見書を通して、おもに生活機能低下の原因である疾病や負傷の状況の情報提供を行います。認定審査会委員は認定調査や主治医意見書から得た情報から、一次判定の修正・確定、さらに最終判定である二次判定を行います。この際、専門職から見た療養に関する意見と認定有効期限についての意見を出すことができます。

　認定審査会事務局は認定審査会運営の中心的な存在で、認定調査員や主治医、認定審査会委員をつなぐコーディネーターの役を担っており、認定調査の基本調査の誤りや基本調査と特記事項との不整合を事前に調査員に確認するとともに、審査会のための資料を作成する作業等を行います。

認定調査員の資格等

　新規の要介護認定にかかる認定調査については、市町村職員、事務受託法人[※1]が実施します。また、更新および区分変更申請については、市町村職員、事務受託法人が実施するのに加えて、市町村から委託を受けた指定居宅支援事業所、地域密着型介護老人福祉施

設、介護保険施設、地域包括支援センター、その他の厚労省令で定める事業者や施設に所属する介護支援専門員（ケアマネジャー）等が実施します。いずれの場合も実施する者は市区町村や保険者が行う認定調査員研修を修了している必要があります。

※1　要介護認定の申請や認定調査等を含め、市区町村が事務の一部を委託するために創設されます。一定の要件を満たした法人を介護保険法に基づき都道府県が指定します。認定調査を委託した場合、法人に所属するケアマネジャーが調査を行います。

■ 審査会簡素化導入の背景

　要介護・要支援認定者数は増大の一途をたどっており、それによって市区町村などの保険者の事務量も増大し、要介護認定の申請提出30日以内での認定は困難になっています。

　そこで導入されたのが、一定の条件に合致するケースでは認定審査会に諮ることなく、コンピュータソフトでの一次判定をそのまま二次判定結果とするという「認定審査会の簡素化」です。

　すなわち、「状態の安定している対象者は、調査結果から要介護度が変わっていない可能性が高いので、認定審査会の二次判定の手続きを簡素化」するというものです。併せて認定有効期間を更新申請の場合は最長48か月とすることも導入されました（2023年11月現在）。

　具体的には、簡素化対象となる6つの要件を満たしている必要があります。
（1）第1号被保険者であること
（2）更新申請であること
（3）一次判定における要介護度が前回認定結果の要介護度と同一であること
（4）現在の認定有効期間が12か月以上であること
（5）一次判定における要介護度が「要支援2」または「要介護1」である場合、状態の安定性判定が「不安定」でないこと
（6）一次判定における要介護認定等基準時間が、一段高い要介護度から3分以内でないこと

　なお、2020年3月時点で簡素化を実施している保険者は全体の40%、簡素化を実施していない保険者も40%と拮抗しています。簡素化を実施しない理由のトップは「認定調査の結果を審査会委員の目で確認する必要があると考えるため」となっています。

2 認定調査の実施および留意点

認定調査を行う際のマナーや、調査を行うべきか迷うときの対応等について確認しておきましょう。

■ 認定調査および認定調査員の基本原則

認定調査は原則1回で実施するため、認定調査員は認定調査の方法、選択基準を十分理解したうえで調査することが望まれます。調査員は自ら調査した結果について、認定審査会および審査会事務局から照会に対する回答、対象者の状況等に関する意見や再調査の実施を求められることがあります。

また、調査員は過去にその職にあった者も含め、認定調査に関連して知り得た個人情報に関しての守秘義務があり、これに違反した場合は、公務員に課せられる罰則が適用されます（地方公務員法第34条第1項及び第60条第2号）。

■ 認定調査の実施および留意点

■ 調査実施全般

- 原則、1名の調査対象者に対し1名の調査員が1回で認定調査を行います。急病等によって状況が一時的に変化している場合や適切な調査が行えないと判断した場合は、その場では調査は行わず、状況が安定したあとに再度調査日を設定して調査を行うようにします。
- 調査対象者の心身の状態が安定するまでに相当期間を要し、介護保険サービス利用が見込めない場合は、必要に応じていったん申請を取り下げて状態が安定してから再申請するよう、申請者に説明します。
- 調査対象者や家族からの予測される介護度等について質問された場合は、具体的な回答をすることは避け、後日、審査結果が郵送されることを伝えるようにします。

■ 実施上の留意点

- 最初に自己紹介として所属・氏名を伝え、身分証を提示します。

- 調査前に調査の目的と内容を説明し、同意を得ます。
- 高齢者の人権に配慮し、不快感を与えないようにします。特に病院や施設等での調査の際はプライバシーに十分配慮して行う必要があります。
- できるだけ調査対象者本人、介護者双方から聞き取りを行うように努め、必要に応じて対象者、介護者からそれぞれ個別に聞き取る時間や場所を設けるようにします。
- 感染防止の観点から対面での調査ができなかった場合は、その状況を特記事項に記載します。

調査項目の確認

- 基本的には「目に見える」「確認し得る」という事実によって調査を行うことを原則とし、危険がないと考えられれば、調査対象者本人または介護者の同意を得たうえで、実際に確認動作を行ってもらい確認します。
- 実際に確認動作が行えなかった場合や、パーキンソン病の日内変動等、調査時の状況が日頃の状況と異なると考えられる場合は、実施できなかった理由、選択した根拠、日頃の状況について具体的な内容を「特記事項」に記載する必要があります。

認定調査に伴う情報について

　対象者の環境等については認定調査票の概況調査に記載しますが、プライバシーに関すること、虐待やネグレクトが疑われる場合、実際に対象者の生活に影響を及ぼしているものの事実関係が確認できない場合等は、調査表には記載せず、市区町村や保険者等の窓口に認定調査結果を提出する際に認定審査会事務局に追加情報として伝えるようにします。

警告コードに対する対応

　警告コードとは、要介護認定ソフトに調査結果を入力した際、異なる2つの調査項目間で整合性がとりにくい「稀な組み合わせ」となった場合に認定審査会資料に警告表示されるものです。

　この場合は選択ミス、入力ミスがなかったかを確認します。警告コードが示されても選択・入力にミスがなければそのまま提出します。なお、関連した項目間で稀な組み合わせとなるような特殊な状況の場合は、その関係性を特記事項に記載し、認定審査会委員が理解できるようにします。

3 関係書類の概要と記載方法

認定調査関係書類について、その内容と記載方法および注意点について
まとめています。

認定調査票の構成

認定調査票は、基本的に以下の3種類から構成されています。

❶ 認定調査票（概況調査）（以下、概況調査票） ❷ 認定調査票（基本調査）（以下、基本調査票） ❸ 認定調査票（特記事項）（以下、特記事項票）

このほかに、市町村によっては認定調査票［マークシート］があります。これは概況調査と基本調査の結果をマークシートに転記し、事務処理を効率化するための市町村窓口提出用です。認定調査票［マークシート］は市町村によって様式に違いがあり、また記載方法にも違いがあるので、実際の記載にあたっては各市町村のマニュアルに従ってください。

概況調査票の記載方法と留意点

概況調査票の構成

概況調査票は、以下の項目から構成されています。

Ⅰ.調査実施者（記入者） Ⅱ.調査対象者 Ⅲ.現在受けているサービスの状況（在宅利用、施設利用） Ⅳ.置かれている環境等（家族状況、住宅環境、傷病、既往歴等）

Ⅰ.調査実施者（記入者）

● 実施日時、実施場所、調査実施者、所属機関を記入します。
● 実施場所については、自宅外の場合は新規であっても「Ⅲ.現在受けているサービスの状況」の施設利用に該当するものがあれば、該当する□にレ点を付けて施設連絡先欄に施設名を記載します。

Ⅱ.調査対象者

● 過去の認定：初回（新規）、2回め以降のいずれか該当するものを丸で囲みます。前回認

定日についてはわかる範囲で記載します。

●前回認定結果：該当するものを丸で囲み、（　）内にはそれぞれの要支援・要介護度を記載し、以下、対象者氏名、性別、生年月日、現住所、電話番号、連絡先を記載します。

■ Ⅲ.現在受けているサービスの状況

●それぞれ該当する項目にレ点を付けて、利用回数、利用日数、品目数、あり、なしを記載します。利用回数、利用日数については、原則として、月初めの場合は当月の予定を記載し、未定の場合や通常の利用状況と異なる場合は前月の実績を記載します。また、月途中の場合は当月初めから月末までの利用回数、利用日数を記載します。たとえば、5月6日の調査の場合は、5月1日から31日までの利用状況を記載します。

●施設利用については該当する施設にレ点を付けて、施設名を記載します。なお、認知症対応型共同生活介護適用施設（グループホーム）と特定施設入居者生活介護適用施設については施設と在宅の両方をチェックします。特定施設入居者生活介護適用施設とは、介護付有料老人ホーム、有料老人ホーム、軽費老人ホーム、ケアハウス等で、介護保険の特定施設の指定を受けた施設を指します。その他の施設とは、身体障害者施設、養護老人ホーム等が該当します。

■ Ⅳ.置かれている環境等（家族状況、住宅環境、傷病、既往歴等）

●対象者の身体状況や家族状況、置かれている環境等について、認定審査会委員が対象者の状況を把握できるように簡潔に記載します。なお、ここに記載された内容を根拠に二次判定での変更を行うことは認められておらず、あくまで参考情報として扱われます。なお、保険者によっては対象者の環境等を概況調査票には記載せずに、特記事項票の最初に、項目なしでの概況として記載するよう指導される場合があります。

■ 基本調査票の記載方法と留意点

■ 基本調査票の構成

認定調査票（基本調査）は、以下の項目（群）から構成されています。

第1群　身体機能・起居動作

1-1　麻痺等の有無　　　**1-2**　拘縮の有無　　　**1-3**　寝返り

1-4	起き上がり	1-8	立ち上がり	1-12	視力
1-5	座位保持	1-9	片足での立位	1-13	聴力
1-6	両足での立位保持	1-10	洗身		
1-7	歩行	1-11	爪切り		

第2群　生活機能

2-1	移乗	2-5	排尿	2-9	整髪
2-2	移動	2-6	排便	2-10	上衣の着脱
2-3	えん下	2-7	口腔清潔	2-11	ズボン等の着脱
2-4	食事摂取	2-8	洗顔	2-12	外出頻度

第3群　認知機能

3-1	意思の伝達	3-6	今の季節を理解する
3-2	毎日の日課を理解	3-7	場所の理解
3-3	生年月日や年齢を言う	3-8	徘徊
3-4	短期記憶	3-9	外出すると戻れない
3-5	自分の名前を言う		

第4群　精神・行動障害

4-1	物を盗られたなど被害的になる	4-9	1人で外に出たがり目が離せない
4-2	作話	4-10	いろいろな物を集めたり、無断で持ってくる
4-3	泣いたり、笑ったりして感情が不安定になる	4-11	物を壊したり、衣類を破いたりする
4-4	昼夜の逆転がある	4-12	ひどい物忘れ
4-5	しつこく同じ話をする	4-13	意味もなく独り言や独り笑いをする
4-6	大声を出す	4-14	自分勝手に行動する
4-7	介護に抵抗する	4-15	話がまとまらず、会話にならない
4-8	「家に帰る」などと言い落ち着きがない		

第5群　社会生活への適応

5-1 薬の内服　　　　　　　　　**5-4** 集団への不適応

5-2 金銭の管理　　　　　　　　**5-5** 買い物

5-3 日常の意思決定　　　　　　**5-6** 簡単な調理

その他　過去14日間に受けた特別な医療について

1 点滴の管理　　　　　　　　　**9** 経管栄養（けいかんえいよう）

2 中心静脈栄養　　　　　　　　**10** モニター測定（血圧、心拍、酸素飽和度等）

3 透析（とうせき）

4 ストーマ（人工肛門）の処置　**11** 褥瘡（じょくそう）の処置

5 酸素療法　　　　　　　　　　**12** カテーテル（コンドームカテーテル、留置カテーテル、ウロストーマ等）

6 レスピレーター（人工呼吸器）

7 気管切開の処置

8 疼痛（とうつう）の看護

日常生活自立度

障害高齢者の日常生活自立度　　**自立** **J-1** **J-2** **A-1** **A-2** **B-1** **B-2** **C-1** **C-2**

認知症高齢者の日常生活自立度　**自立** **Ⅰ** **Ⅱa** **Ⅱb** **Ⅲa** **Ⅲb** **Ⅳ** **M**

　それぞれの項目で、定義と選択肢の選択基準が定められており、それに基づいて選択します。

　「能力」に関する項目と「有無（麻痺（まひ）・拘縮（こうしゅく）等）」の項目は、危険がないと考えられれば調査対象者本人に実際に動作を行ってもらうなど、認定調査員が確認することを原則とします。しかし何らかの理由によって行えなかったり、調査時の状況が日頃の状況と異なっている場合は日頃の状況について聞き取りを行い、一定期間の状況において、より頻回な状況で選択し、選択した根拠について具体的な内容を特記事項に記載します。

　「介助の方法」の項目については、原則として実際に介助が行われているかどうかで選択

しますが、介助されていない状態や実際に行われている介助が対象者にとって不適切であると調査員が判断した場合は、その理由を特記事項に記載したうえで、適切な介助の方法を選択し、認定審査会の判断を仰ぐことができます。

能力や介助の方法については、日常的に自助具、補装具等の器具・器械を使用している場合、使用していることによって機能が補完されていれば、その状態が本来の身体状況であると考え、その使用している状況で選択します。

「有無（BPSD関連）」の項目は、それらの行動がどの程度発生しているかについて、頻度に基づき選択します。また、基本調査項目の中には該当する項目が存在しないものの、類似の行動またはその他の精神・行動障害等により具体的な「介護の手間」が生じている場合は、類似または関連する項目の特記事項に具体的な介護の手間の内容と頻度を記載し、認定審査会の判断を仰ぐことができます。

■ 特記事項票の記載方法と留意点

■ 特記事項票の構成

特記事項票は基本調査項目群に分類され、以下のような形式になっています。

（　　　）

記載する際は（　）内に項目番号を記載し、右部分に特記事項を記載します。

記載にあたっては基本調査の選択と特記事項の記載に矛盾がないかを確認し、簡潔に記載します。

特記事項は認定審査会において、①基本調査の確認、②介護の手間の判断、という2つの視点から活用されますが、それぞれの目的を果たすために、「選択根拠」「手間」「頻度」の3つのポイントに留意して具体的な状況を記載します。

❶ 選択根拠

調査員が選択した選択肢には、認定調査員が誤って選択しているケース、調査項目の定義に含まれないケース、特殊な状況等で複数の解釈が当てはまるケース等が存在します。このため選択根拠の記載が必要です。

また、調査員が実際に行われている介助の方法が対象者にとって不適切と判断し、適切な介助の方法を選択した場合は、判断した理由と適切な介助の根拠の記載が必要です。

❷ 介護の手間と頻度

　二次判定の介護の手間に関する議論では、一次判定では加味されていない具体的な介護の手間が重視されます。介護の手間が「量」として検討されるために、「頻度」に関する情報は認定審査会にとって重要な情報となります。

手間：調査対象者の状態ではなく、その状態によって発生している介護の手間の内容を記載することが重要です。とくに介助の方法に関する調査項目とBPSD関連項目で重要となります。

頻度：「ときどき」「頻繁に」のように、人によってイメージする量が一定でない言葉を用いるのは望ましくありません。平均的な出現頻度について「週に2〜3回」というように具体的な頻度を記載します。

　また、記載する内容が選択肢の選択基準に含まれていないことであっても、介護の手間に関連する内容であれば特記事項に記載することが重要です。その内容が認定審査会における二次判定（介護の手間にかかる審査判定）で評価される場合があります。

❸ 特記事項記載の際の注意

　記載にあたっては下記の点について、とくに留意してください。

● 個人を特定できるような固有名詞（氏名、施設名、地名等）は記載しない
● 認定審査会委員が共通理解できる用語を用いることとし、専門用語や略語はできるだけ使用しない

　〈例〉

DS	→	デイサービス	DIV　→　点滴	
SS	→	ショートステイ	R苦　→　呼吸苦	
NC	→	ナースコール	G交換　→　ガーゼ交換	
Ent	→	退院	体交　→　体位交換	
ROM	→	関節可動域	RA　→　リウマチ	
CV・IVH	→	中心静脈栄養	DM　→　糖尿病　　　等	

4 基本調査および特記事項記載のポイント

基本調査である「能力」「介助の方法」「有無」について、基本的な考え方と特記事項の記載のポイントを紹介します。

■ 能力で評価する調査項目のポイント

■ 調査項目の選択基準

能力で評価する調査項目は身体機能能力と認知能力に分類されます。

能力で評価する項目は、当該の動作などについて「できる」か「できない」かを、各項目が指定する確認動作または質問を可能な限り実際に行って評価する項目です。

なお、その行為ができないことによって介助が発生しているかどうかや日常生活の支障があるかは選択基準に含まれません。

能力で評価する調査項目（18項目）

1-3	寝返り	**2-3**	えん下
1-4	起き上がり	**3-1**	意思の伝達
1-5	座位保持	**3-2**	毎日の日課を理解
1-6	両足での立位保持	**3-3**	生年月日や年齢を言う
1-7	歩行	**3-4**	短期記憶
1-8	立ち上がり	**3-5**	自分の名前を言う
1-9	片足での立位	**3-6**	今の季節を理解する
1-12	視力	**3-7**	場所の理解
1-13	聴力	**5-3**	日常の意思決定

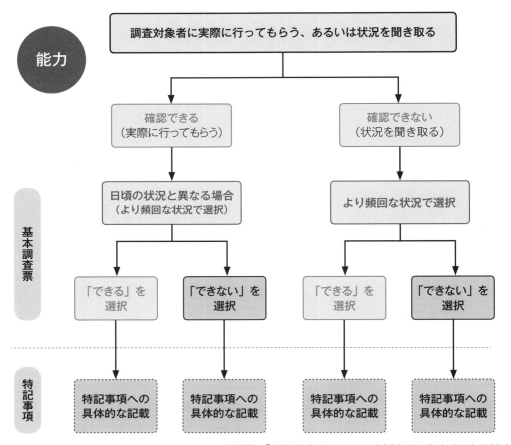

調査項目の選択肢の選択および「特記事項」記載の流れ

能力

調査対象者に実際に行ってもらう、あるいは状況を聞き取る

確認できる
（実際に行ってもらう）

確認できない
（状況を聞き取る）

基本調査票

日頃の状況と異なる場合
（より頻回な状況で選択）

より頻回な状況で選択

「できる」を
選択

「できない」を
選択

「できる」を
選択

「できない」を
選択

特記事項

特記事項への
具体的な記載

特記事項への
具体的な記載

特記事項への
具体的な記載

特記事項への
具体的な記載

出典：「認定調査員テキスト2009改訂版」（厚生労働省）

特記事項記載の注意点

　確認動作を問題なく試行できる場合は、特記事項に状況の記載は必要ありません。しかし、介助の方法との整合性がとれていないような場合は両者の関係性を特記事項に記載する必要があります。

　なお、何らかの能力の低下によって、実際に介護の手間をもたらしているものの、介助の方法の項目に適切な項目がないために、具体的な介護の手間を記載することができない場合は、能力の項目の中で最も関連する調査項目の特記事項に具体的な介護の手間と頻度を記載します。

■ 介助の方法で評価する調査項目

■ 調査項目の選択基準

介助の方法で評価する調査項目は、実際に「介助が行われている／介助が行われていない」の軸で選択を行うことを原則としますが、「介助されていない」状態や「実際に行われている介助」が対象者にとって不適切であると調査員が判断する場合は、その理由を特記事項に記載したうえで、適切な介助の方法を選択することができます。

調査員が「介助されていない」状態や「実際に行われている介助が不適切」と考える場合とは、以下の場合などが想定されます。

● 独居や日中独居のために適切な介助が提供されていない場合

● 介護放棄、介護抵抗のために適切な介助が提供されていない場合

● 介護者の心身の状態から介助が提供できない場合

● 介護者による介助が、むしろ本人の自立を阻害しているような場合

この場合、単に「できる」「できない」といった個々の能力のみでは判断せず、入院や施設入所など、生活環境や本人のおかれている状況等を含めて総合的に判断します。

また、時間帯や体調によって介助の方法が異なる場合は、一定期間（調査日よりおおむね過去1週間）の状況において、より頻回に見られる状況や日頃の状況で選択します。

介助の方法で評価する調査項目（16項目）

1-10	洗身	2-8	洗顔
1-11	爪切り	2-9	整髪
2-1	移乗	2-10	上衣の着脱
2-2	移動	2-11	ズボン等の着脱
2-4	食事摂取	5-1	薬の内服
2-5	排尿	5-2	金銭の管理
2-6	排便	5-5	買い物
2-7	口腔清潔	5-6	簡単な調理

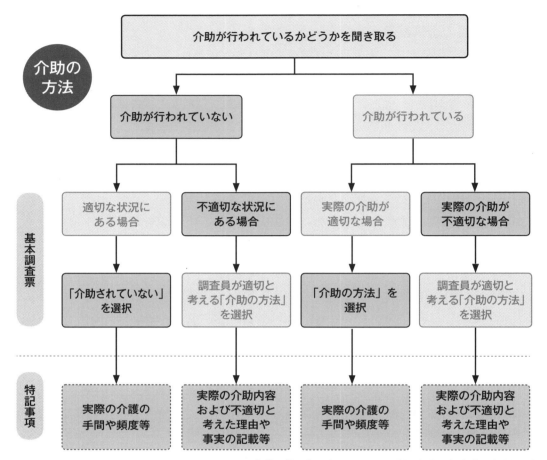

調査項目の選択肢の選択および「特記事項」記載の流れ

介助の方法

介助が行われているかどうかを聞き取る

介助が行われていない / 介助が行われている

適切な状況にある場合 / 不適切な状況にある場合 / 実際の介助が適切な場合 / 実際の介助が不適切な場合

基本調査票

「介助されていない」を選択 / 調査員が適切と考える「介助の方法」を選択 / 「介助の方法」を選択 / 調査員が適切と考える「介助の方法」を選択

特記事項

実際の介護の手間や頻度等 / 実際の介助内容および不適切と考えた理由や事実の記載等 / 実際の介護の手間や頻度等 / 実際の介助内容および不適切と考えた理由や事実の記載等

出典：「認定調査員テキスト2009改訂版」（厚生労働省）

■ 特記事項の記載において注意すべき点

　認定審査会において、特記事項の情報が基本調査の選択の妥当性や一次判定の判定修正、確定に活用され、またその内容を基に一次判定に十分反映されていない介護の手間を検討して二次判定が行われます。このため**介助の方法における特記事項の記載内容は、評価上の重要なポイントとなります**。

　特記事項の記載にあたっては、認定審査会が「介護の手間」を評価できるように、実際に行われている介助の具体的な「介護の手間」と「頻度」を記載します。また、介助されていない場合や実際に行われている介助の方法が、対象者にとって不適切であると調査員が判断する場合は適切な介助の方法を選択することができますが、その場合であっても、

具体的事実や不適切と判断した理由、選択した根拠が明示されていない場合は認定審査会においては評価されません。

■ 有無で評価する調査項目

■ 調査項目の選択基準

有無で評価する調査項目には、第1群の「麻痺・拘縮」を評価する項目と、第2群の「外出頻度」、第3群の徘徊、外出すると戻れない、第4群の認知症に伴う行動、心理状態を意味する「BPSD」関連項目があります。

「麻痺・拘縮」と「BPSD関連」項目はそれぞれ異なった評価の仕方をします。「麻痺・拘縮」は能力と同じ考え方で確認動作を基本に評価します。「BPSD」関連は、該当する行為があるかを発生頻度で評価します。

有無で評価する調査項目（21項目）

1-1 麻痺等の有無	**4-9** 1人で外に出たがり目が離せない
1-2 拘縮の有無	
2-12 外出頻度	**4-10** いろいろな物を集めたり、無断で持ってくる
3-8 徘徊	
3-9 外出すると戻れない	**4-11** 物を壊したり、衣類を破いたりする
4-1 物を盗られたなどと被害的になる	
4-2 作話	**4-12** ひどい物忘れ
4-3 泣いたり、笑ったりして感情が不安定になる	**4-13** 意味もなく独り言や独り笑いをする
4-4 昼夜の逆転がある	**4-14** 自分勝手に行動する
4-5 しつこく同じ話をする	**4-15** 話がまとまらず、会話にならない
4-6 大声を出す	
4-7 介護に抵抗する	**5-4** 集団への不適応
4-8 「家に帰る」などと言い落ち着きがない	

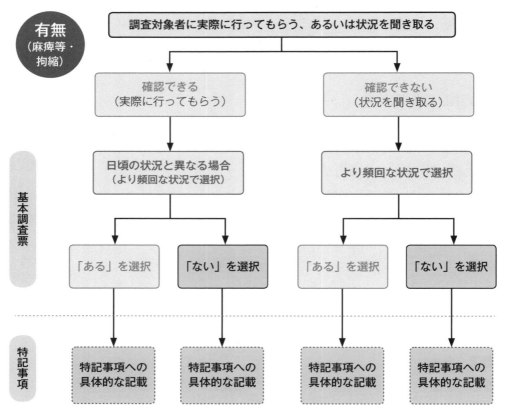

調査項目の選択肢の選択および「特記事項」記載の流れ

有無
（麻痺等・拘縮）

調査対象者に実際に行ってもらう、あるいは状況を聞き取る

確認できる
（実際に行ってもらう）

確認できない
（状況を聞き取る）

基本調査票

日頃の状況と異なる場合
（より頻回な状況で選択）

より頻回な状況で選択

「ある」を選択

「ない」を選択

「ある」を選択

「ない」を選択

特記事項

特記事項への
具体的な記載

特記事項への
具体的な記載

特記事項への
具体的な記載

特記事項への
具体的な記載

出典：「認定調査員テキスト2009改訂版」（厚生労働省）

■ 麻痺等・拘縮の有無

　確認動作ができるかで評価しますが、調査時の状況と調査対象者や介護者から聞き取りした日頃の状況とが異なると考えられる場合は、一定期間（調査日よりおおむね過去1週間）の状況において、確認動作と同様の動きができているかを評価します。また、調査対象者に実際に行ってもらえなかった場合は、介護者などから日頃確認動作と同様の動きができているかを聞き取り評価します。

■ 特記事項の記載において注意すべき点

　麻痺・拘縮の場合は、選択した選択肢が妥当かどうか審査会で判断するためにも、「ない」以外を選択した場合は具体的な角度を記載することが求められています。また、調査対象者に実際に行ってもらえなかった場合は、その理由や状況を特記事項に記載し、選択

した根拠等について特記事項に具体的に記載します。

▌ BPSD関連

❶ 行動が発生している場合

　調査対象者や介護者から聞き取りした日頃の状況で選択するとともに、調査時にその行動が見られた場合は、その状況について特記事項に記載します。その行動により支障や介護の手間が発生しているか否かにかかわらず、一定期間（調査日よりおおむね過去1か月間）の状況において、それらの行動がどの程度発生しているかについて、頻度に基づき選択します。

❷ 行動が発生していない場合、または該当する項目がない場合

　一定期間（調査日よりおおむね過去1か月間）の状況において、その行動が発生したことがない、あるいは月1回の間隔では発生しないと考えられる場合は「ない」を選択します。

　また、基本調査項目の中には該当する項目がないものの、実際に何らかの介護の手間が発生している場合は、関連する項目で「ない」を選択したうえで、特記事項に具体的な内容と介護の手間を記載します。そして特記事項には、この項目では評価していないことがわかるように「項目の定義に含まれないため特記のみとする」などの記載をします。

▌ 特記事項の記載において注意すべき点

　BPSD関連項目は、その有無だけでは介護の手間の判断ができないため、二次判定で介護の手間を適切に評価するためには特記事項に実際に発生している介護の手間と頻度を併せて記載する必要があります。

　また、項目に該当する行動が発生していても、介護の手間が発生していない場合や介護者がとくに対応をとっていない場合等も、介護状況がわかるようにその状況を特記事項に記載します。

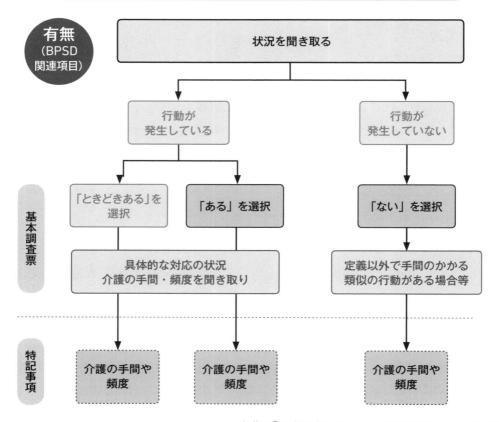

調査項目の選択肢の選択および「特記事項」記載の流れ

有無
（BPSD
関連項目）

状況を聞き取る

行動が
発生している

行動が
発生していない

基本調査票

「ときどきある」を
選択

「ある」を選択

「ない」を選択

具体的な対応の状況
介護の手間・頻度を聞き取り

定義以外で手間のかかる
類似の行動がある場合等

特記事項

介護の手間や
頻度

介護の手間や
頻度

介護の手間や
頻度

出典：「認定調査員テキスト2009改訂版」（厚生労働省）

ワンポイント
アドバイス

特記事項を提出する前に再度確認しよう！

　特記事項を記載するとき、自分では的確に表現し記載しているつもりでも、記載内容が不十分であったり具体性に欠けるために読む人に状況が伝わらない場合があります。テキストどおりに調査し、適切に評価選択しても、選択根拠や介護の手間が認定審査会委員に伝わらなければ意味がありません。

　特記事項を提出する前に、対象者の事前情報をもたない審査会委員の視点から再度読み直し、実際の状況が伝わる記載内容になっているかを確認してから提出しましょう。

PART 2

ケース例・選択理由でわかる！

基本調査項目ごとの
評価・判断ポイント

第1群 身体機能・起居動作

第2群 生活機能

第3群 認知機能

第4群 精神・行動障害

第5群 社会生活への適応

その他 過去14日間に受けた特別な医療について

身体機能・起居動作
[有無、能力、介助の方法で評価する項目]

この群は、四肢の機能や起居動作の能力、および視力や聴力等、高齢者が生活していくうえで必要とされる身体能力に関する項目群です。「1-1 麻痺等の有無」「1-2 拘縮等の有無」「1-10 洗身」「1-11 爪切り」は介助の方法、それ以外は能力で評価します。

■ 調査の際のポイント

● 麻痺・拘縮の有無の確認動作を行う際は、本人または家族の同意を得てから行います。

● 痛みのために確認動作ができない場合は、そこまでの状況で評価します。

● 関節に拘縮や骨折の後遺症等で可動域制限がある場合は、可能な限り屈曲、伸展した状態で評価します。

● 対象者が確認動作と同様の行為をしていることが確認できた場合（椅子から立ち上がる、廊下を歩く等の行為が調査前の段階で見られた場合など）は、必ずしも実際に確認動作を行ってもらう必要はありません。その際、対象者側から「必要な調査が行われなかった」との苦情がくる場合があるため、判断した根拠などを特記事項に記載します。

● 感覚障害は該当しません。

● 装具や介護用品、器具類を使用している場合は、使用した状態で行います。

■ 選択のポイント

● 有無と能力項目は、基本的に「目に見える」「確認し得る」事実によって選択することを原則とし、可能な限り実際に確認動作を試行してもらって評価します。

● 確認動作ができない、あるいはやってもらえない場合は、類似行為や日頃の状況の聞き取りで評価し、確認動作ができない理由と選択した根拠を特記事項に記載します。

● 実際に行ってもらった状況と日頃の状況が異なる場合は、一定期間（調査日よりおおむね過去1週間）の状況においてより頻回な状況で判断します。

● その動作ができないことによって介護が発生しているか、あるいは日常生活に支障があるかは選択基準に含まれません。

■ 特記事項記載のポイント

● 実際に行った結果と日頃の状況が異なる場合はその状況と選択理由を記載します。

● 関連の関節に可動域制限があり、通常の確認ができない場合は、その状況を記載します。

● その行為ができないことによる生活の支障や介助の方法については記載する必要はありません。ただし、実際に生じている生活の支障や介護の手間について、「介助の方法」等にも該当する項目がない場合はその限りではありません。

● 選択に迷った場合は、迷ったことと選択根拠を記載します。

調査項目の選択基準と疑義について

　能力項目をはじめ、各調査項目で定義や選択基準に対して疑問に思う場合が少なくありません。

　このような定義や選択肢に対する疑義に対し、厚労省では「認定調査員テキスト」「要介護認定等の方法の見直しに係るQ＆A」（平成21年9月30日発）以外には個別の解釈は存在しないとしています。理由として、①個別の状況は無限に発生する、②個別の解釈を示した場合は全国すべての調査員がその判断を把握している必要がある、などとしています。

　そして疑義への対応として、①必要に応じて厚労省からQ＆Aを発出する、②必ずしも各項目で厳密な判断を求めるものではない、③個別の状況は特記事項に記載し、認定審査会が判断する、としています。

1-1 麻痺等の有無（有無）

調査項目の定義

「麻痺等の有無」を評価する項目です。

ここでいう「麻痺等」とは、神経または筋肉組織の損傷、疾病等により、筋肉の随意的な運動機能が低下または消失した状況をいいます。脳梗塞後遺症等による四肢の動かしにくさ（筋力の低下や麻痺等の有無）を確認する項目です。

選択肢の選択基準

1 ない

- 麻痺等がない場合は、「1.ない」とする。

2 左上肢　3 右上肢　4 左下肢　5 右下肢

- 麻痺等や筋力低下がある場合は、「2.左上肢」「3.右上肢」「4.左下肢」「5.右下肢」の中で該当する部位を選択する。
- 複数の部位に麻痺等がある場合（片麻痺、対麻痺、三肢麻痺、四肢麻痺等）は「2.左上肢」「3.右上肢」「4.左下肢」「5.右下肢」のうち、複数を選択する。
- 各確認動作で、努力して動かそうとしても動かない、あるいは目的とする確認動作が行えない場合に該当する項目を選択する。

6 その他（四肢の欠損）

- いずれかの四肢の一部（手指・足趾を含む）に欠損がある場合は「6.その他」を選択する。
- 上肢・下肢以外に麻痺等がある場合は、「6.その他」を選択する。
- 「6.その他」を選択した場合は、必ず部位や状況等について具体的に「特記事項」に記載する。

上肢の麻痺等の有無の確認動作と確認方法

◉測定内容◉ 座位の場合は、肘関節を伸ばしたままで、腕を前方および横に、自分で持ち上げ、静止した状態で保持できるかを確認します（肘関節伸展位で肩関節の屈曲および外転）。どちらかができなければ「あり」とします。仰臥位の場合は、腕を持ち上げられるかで確認します。肩の高さぐらいまで腕を上げることができるかどうかで判断し、円背（えんぱい）の場合は、あごの高さぐらいまで腕を上げることができるかで判断します。

前方への持ち上げ

前方に腕を肩の高さまで自分で挙上し、静止状態で保持できるか確認する

●円背の場合

前方に腕を肩の高さまで自分で挙上し、静止した状態で保持できるか確認する

横への持ち上げ

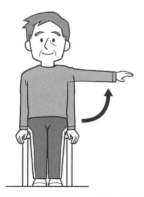

横に腕を肩の高さまで自分で挙上し、静止した状態を保持できるか確認する

仰臥位（ぎょうがい）（仰向け）の場合

上肢を体側に添っておき、その位置から肘関節を伸ばしたまま腕を自分で挙上し、静止した状態で保持できるか確認する（肘関節伸展位での前方挙上）

出典：「認定調査員テキスト2009改訂版」（厚生労働省）

下肢の麻痺等の有無の確認動作と確認方法

◉**測定内容**◉ 膝を伸ばす動作により下肢を水平位置まで自分で挙上し、静止した状態で保持できるか、床に対して、水平に足を挙上できるかどうかを確認します（股・膝関節屈曲位での膝関節の伸展）。具体的には、踵と膝関節（の屈側）を結ぶ線が床と平行になる高さぐらいまで挙上し静止した状態で保持できることを確認します。また、椅子で試行する場合は、大腿部が椅子から離れないことを条件とし、仰向けで試行する場合は、枕等から大腿部が離れないことを条件とします。

　なお、膝関節に拘縮があるといった理由や、下肢や膝関節等の生理学的な理由等で膝関節の完全な伸展そのものが困難で水平に足を挙上できない（仰向けの場合には、足を完全に伸ばせない）場合には、他動的に最大限動かせる高さまで挙上、静止した状態を保持できるかで判断します。

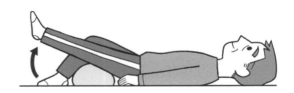

股関節および膝関節屈曲位から膝関節の伸展
（下腿を挙上します）

●**椅子で行う場合**

● **仰臥位で行う場合**

座位で膝を床に対して、自分で水平に伸ばしたまま静止した状態で保持できるか確認する（股関節屈曲位からの膝関節の伸展）

仰向けで膝の下に枕などを入れて自分で膝から下（下腿）を持ち上げ、伸ばしたまま静止した状態で保持できるか確認する（仰臥位での股・膝関節屈曲位からの膝関節の伸展）

出典：「認定調査員テキスト2009改訂版」（厚生労働省）

選択の際の留意点

- 日常生活の支障をもって判断するものではなく、運動機能の低下の有無や状況を評価するものです。
- リハビリでの状況も含めて評価します（努力して目的の動作ができるか否かの評価です）。
- 麻痺等には、関節に著しい可動域制限があるために目的の確認動作ができない場合を含みます。
- 肘や膝の関節に可動域制限があり、上肢や下肢をまっすぐ伸ばせない場合や深く曲げられない場合は、他動的に動かせる最大範囲まで、自力で伸ばしたり曲げたりすることができるかで評価します。なお、この可動域制限の程度については制限角度の何度をもって「著しい」と判断するかの具体的な基準はありません。認定調査員自身が可動域を確認し、「関節可動域制限はあるが、起居動作の妨げになっていない」と判断した場合に、著しい可動域制限には該当しないと判断するのが妥当と考えます。
- 欠損によって目的とする確認動作が行えない場合は、欠損している四肢も選択します。なお、手指・足趾（あしゆび）の欠損のみの場合は〝確認動作が行える〟とします。
- 確認動作の「静止した状態で保持」には何秒間等の定めはありません。

ポイント

- 下肢の確認動作と歩行状態は必ずしも一致しませんので、それぞれを切り離して評価します。
- 下肢の確認動作は対象者の姿勢に影響されるので、上体が後方に倒れずにキチンと座位になれる椅子を使用するか、仰向けで確認する場合は膝の下に固い枕を使用するなどして評価します。
- 椅子を使って下肢の確認動作をする場合は、大腿部が座面から離れていないことが大切です。
- 「その他」は特記事項記載のための選択肢です。「その他」を選択しても一次判定の「要介護認定等基準時間」には反映されません。
- 選択の根拠となる可動域制限については、その角度などをわかる範囲で記載します。

特記事項記載の留意点

　下肢の麻痺と膝の拘縮の角度を記載するときは、それぞれ起点が違うため角度の表現が異なるので注意しましょう。

　下肢の麻痺の確認は椅子に座って行う場合がほとんどです。仮に膝の屈曲拘縮があり、膝から先を床から約50°までしか上げられない場合は「約50°までしか上げられない」と記載しますが、拘縮の場合は床からの角度ではなく、膝を真っすぐに伸ばした状態の0°からの角度になります。上記の場合は「約40°の屈曲拘縮」との表現になります。

1 ない	
ケース	選択理由
●調査の際、対象者が拒否して確認動作が行えなかったが、家族の話では日頃、身体機能に問題はなく、上肢下肢ともに確認動作と類似の動作はできているとのこと	●確認動作が行えなかった場合は、おおむね過去1週間において頻回に見られる状況や日頃の状況で選択する
●上肢の確認動作はできるが、関節リウマチで指が変形し物をつかめない	●指の変形は含まれない。また日常生活の支障をもって判断するものではない
●確認動作はできるが、手指振戦があり書字や裁縫等の巧緻作業ができない	●実際に行った確認動作で選択する。日常生活の支障をもって判断するものではない
●両上肢ともに片方ずつでの確認動作はできるが、腹背筋の筋力低下で両側を同時に上げることができない	●片方ずつ確認動作を行い評価する
●肘に拘縮がありまっすぐに伸びないが、肘を曲げた状態で上肢を肩の高さまで上げることができる	●肘関節を伸ばして確認動作を行うのが原則だが、軽度の拘縮がある場合は可能な限り伸ばした状態でできれば「ない」と評価する

● 調査の際、対象者が「左足は上がらない」と言って左下肢の確認動作は行わなかった。同席したリハビリ担当者に確認すると、日頃椅子に座って確認動作と同様の動作ができ、上げた状態を保持することもできているとのこと	● 確認動作を行えなかった場合は、おおむね過去1週間において同様の動作ができているかで判断する
● 膝に軽度の拘縮があり、膝から先を水平に上げることができない。しかし、他動的に最大限伸ばせる高さまで自分で上げて保持できる	● 軽度の可動域制限がある場合は、他動的に動かせる高さまで挙上できて保持できれば「なし」を選択する
● 両膝ともに椅子に座って水平まで伸ばせるが、上げた状態を長くは保持できず2〜3秒で下がってしまう	● 保持する時間に規定はない。保持の状況を特記事項に記載する

2 3 上肢

ケース	選択理由
● 前方は肩の高さまで挙上できるが、横には肩の高さまで上げられない	● 前、横いずれか一方で確認動作ができない場合は「あり」とする
● 上肢は肩から肘にかけて痛みがあり、肘を深く曲げた状態なら肩の高さまで上げられるが、肘を伸ばした状態では痛くて上げられない	● 肘関節を伸ばして確認動作を行うのが原則であり、痛みによって確認動作ができない場合は「あり」とする
● 上肢は肩の高さまで何とか上げられるが、上げると手が震えて静止した状態にならない	● 震えて静止できない場合は「あり」を選択する
● 肩関節脱臼（だっきゅう）の恐れがあり、医師から腕を上げないように指導されている	● 医学的理由で確認動作ができない場合は「あり」を選択する
● 右上肢は肩から10cm程のところから欠損しており、義肢は使用していない	● 欠損がある場合は「その他」を選択するとともに、欠損により確認動作ができないため「右上肢」も選択する

PART **2**

第**1**群

身体機能・起居動作 ― 1・1 ― 麻痺等の有無（有無）

4 5 下肢

ケース	選択理由
● 筋力低下で膝から先を水平に上げられない	● 医学的な意味での麻痺でなくても、筋力低下で確認動作ができない場合は「あり」を選択する
● 膝を伸ばして下肢を水平に挙上できたが、すぐに振戦が出て下がってしまう	● すぐ下がってしまう、水平に伸ばした状態を保持できない場合は「あり」を選択する
● 膝に拘縮があり、下肢は床から50°までしか上げられない。他動的にもそこまでしか伸ばせず、日頃から跛行がある	● 膝関節の可動域制限（屈曲拘縮）が約40°の場合は著しい拘縮に該当し、自分でそこまで伸ばすことができても「麻痺あり」と判断するのが妥当
● ベッド上仰臥位での調査で、指示が通らず確認動作ができなかった。介護者の話では日頃も下肢を上げたり、膝を伸ばしたりする行為はないとのこと	● 確認動作が行えなかった場合は、頻回な状況や日頃の状況で選択し、行えなかった理由や状況を特記事項に記載する
● 左大腿骨骨折で保存療法。日頃から左下肢に長下肢装具を使用しており、膝を伸ばすことはできるが、屈曲はほとんどできない	● 日頃装具を使用している場合は、使用した状態で評価し、膝関節屈曲位がとれない場合は「あり」を選択する
● 膝に可動域制限があり、他動的にも約30°曲げた状態から伸ばせないが、その角度まで自分で伸ばすことができる	● 30°以上の可動域制限がある場合は、他動的に伸ばせる最大限まで自力で伸ばすことができても、可動域制限が著しいと考え、麻痺と評価するのが妥当

6 その他

ケース	選択理由
● 手指に欠損があるが上肢の確認動作はできる	● 確認動作を行うことができる場合は、欠損による「その他」のみ

●足関節から下の欠損があるが下肢の確認動作はできる	●欠損があっても確認動作ができると判断する場合は欠損による「その他」のみ
●頸椎疾患で手術既往があり、後遺症で首をわずかしか廻せない	●腰椎、頸椎等四肢以外で自分の意思で目的の運動ができない、動かし難さがある場合は「その他」を選択し、具体的な状況を特記事項に記載する
●腰曲りが強く、腰を伸ばすことができない	●同上
●右顔面神経麻痺があり右眼が閉じない、また口角からの流涎等もある	●同上
●右手4・5指が欠損している。そのため握力が弱く、ペットボトルなどのフタを開けることができない	●四肢の一部に欠損がある場合、生活の支障については基本的に記載の必要はないが、関連項目で記載する機会がない場合は麻痺の特記事項に記載してもよい

注意!

膝に拘縮等の可動域制限がありまっすぐに伸びないために下肢を水平にできない場合、他動的に最大限伸ばせる高さまで自力で上げることができれば麻痺は「なし」と評価しますが、特記事項に可動域制限があると記載した場合に、制限の程度がわかる記載がないと認定審査会では正しい選択か判断がつかないことが予想されます。状況を的確に伝えるために「約20°」「軽度」などの説明をつけるほうがよいでしょう。

PART 2 第1群 身体機能・起居動作 1-1 麻痺等の有無(有無)

1-2 拘縮の有無（有無）

調査項目の定義

「拘縮の有無」を評価する項目です。

ここでいう「拘縮」とは、対象者が可能な限り力を抜いた状態で他動的に四肢の関節を動かしたときに、関節の動く範囲が著しく狭くなっている状況をいいます。

選択肢の選択基準

1 ない

● 四肢の関節の動く範囲の制限がない場合は、「1.ない」とする。

2 肩関節、 3 股関節、 4 膝関節

● 複数の部位に関節の動く範囲の制限がある場合は「2.肩関節」「3.股関節」「4.膝関節」のうち、複数を選択する。他動的に動かして制限がある場合が該当し、自力では動かせないという状態だけでは該当しない。

● 左右のいずれかに制限があれば「制限あり」とする。

5 その他（四肢の欠損）

● いずれかの四肢の一部（手指・足趾を含む）に欠損がある場合は「5.その他」を選択する。

● 肩関節、股関節、膝関節以外について、他動的に動かした際に拘縮や可動域の制限がある場合は、「5.その他」を選択する。

● 「5.その他」を選択した場合は、必ず部位や状況等について具体的に「特記事項」に記載する。

調査の際の注意点

確認時には、本人または家族の同意のうえ、対象部位を軽く持ち、動作の開始から終了までの間に4〜5秒程度の時間をかけてゆっくり動かして確認を行います。対象者が痛みを訴える場合はそれ以上動かさず、そこまでの状況で選択を行います。

90°程度曲がれば「制限なし」とするため、対象者の状態に十分注意し、必要以上には動かさないようにします。もし動かすことが危険と判断される場合には確認は行わないようにします。

拘縮の有無の確認方法

肩関節の場合

●**測定内容**●「2.肩関節」は、前方あるいは横のいずれかに可動域制限がある場合を「制限あり」とします。腕を肩の高さぐらいまで他動的に上げることができれば「制限なし」とします。

●**測定内容**●円背（えんばい）の場合は、あごの高さぐらいまで腕を上げることができれば「制限なし」とします。

◉**測定内容**◉「3.股関節」は、屈曲または外転のどちらかに可動域制限がある場合を制限ありとします。図1（屈曲）または図2もしくは図2-1（外転）のいずれかができなければ「制限あり」とします。

●**図1**　仰向けに寝た姿勢（仰臥位）で膝を曲げたままで、股関節が直角（90°）程度曲がれば「制限なし」とします。

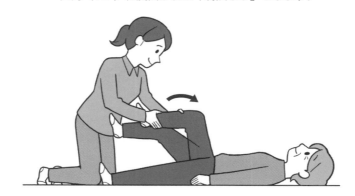

●**図2**　　　　　　　　　　　　　　　　●**図2-1**

25cm程度　　　　　　　　　　　25cm程度

仰向けに寝た姿勢（仰臥位）あるいは座位で、膝が閉じた状態から見て、膝の内側を25cm程度開くことができれば「制限なし」とします。O脚等で膝が閉じない場合であっても、最終的に開いた距離が25cm程度あるかどうかで選択を行います。本確認動作は膝を外側に開くことができるかを確認するためのものであり、内側への運動に関しては問いません。
また、片足のみの外転によって25cmが確保された場合も「制限なし」としますが、もう一方の足の外転に制限がある場合は、その旨を特記事項に記載します。

膝関節の場合

◉**測定内容**◉「4.膝関節」は、伸展もしくは屈曲方向のどちらかの可動域に制限がある場合を制限ありとします。

膝関節をほぼまっすぐ伸ばした状態から、90°程度他動的に曲げることができなければ「制限あり」とします。

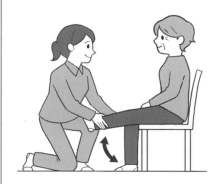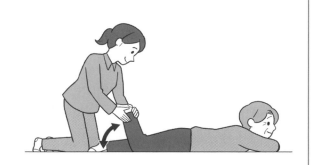

座位、うつ伏せ、仰向けのうち、対象者に最も負担にならないいずれか1つの方法で確認できれば「制限なし」とします。

出典：「認定調査員テキスト2009改訂版」（厚生労働省）

選択の際の留意点

- 股関節、膝関節等で人工関節置換術後の場合は確認動作の施行が可能か確認してから行います。
- 補装具や介護用品、器具類を使用している場合は、使用した状態で選択します。
- 可能な限り力を抜いた状態で他動的に四肢の各関節の確認動作を行い評価します。
- 疼痛（とうつう）のために関節の動く範囲に制限がある場合は、それ以上は動かさずその状態で評価します。
- 股関節の外転については片方に制限がある場合は、もう一方の制限の有無で判断します。
- おもに四肢の関節について拘縮（こうしゅく）があるかで評価するもので、日常生活に支障があるか否

かが選択の基準ではありません。

ポイント

　肩関節、股関節、膝関節以外の関節の拘縮あるいは四肢の一部に欠損がある場合は「その他」を選択しますが、この場合も「麻痺等の有無」と同様、中間評価項目得点に含まれないので「5.その他」を選択しても一次判定には影響しません。

- 拘縮の有無で、可動域制限の「軽度」と「著しい」の判断については具体的な定めがなく、調査員の判断になります。膝関節については約30°以上屈曲した状態で、他動的にもそれ以上伸ばすことができない場合を「著しい可動域制限」「拘縮あり」の判断の目安にしている調査員が多いようです。

- 膝の可動域制限角度の表現は、麻痺等の有無における角度とは異なりますから注意が必要です。

- 「拘縮」と「可動域制限」は同義語で、特記事項にはどちらで表現しても構いません。状況がわかるように、屈曲拘縮（曲がった状態から伸びない）か伸展拘縮（伸びた状態から曲がらない）の記載は必要です。

- 拘縮と判断したことが妥当であるかどうか判断してもらう意味でも、四肢の関節を選択した場合はそれぞれの可動域制限角度を「約○○°」と記載するようにします。

1 ない	
ケース	選択理由
● 肩の可動域制限があり、他動的に上肢を何とか肩の高さまで上げられるがそれ以上は痛くて上げられない	● 他動的に肩の高さまで上げられれば「ない」を選択し、状況を特記事項に記載する
● 肘に軽度可動域制限があり、最大限まで肘を伸ばした状態では腕は胸の高さまでしか上がらないが、肘を曲げた状態では他動的に肩の高さまで上げることができる	● 肩関節の動かしやすい肢位で確認を行い判断する
● 両股関節は90°まで屈曲できるが、外転の可動域制限があり両膝は30cm程度しか開かない	● 可動域制限があっても、膝の内側が25cm以上開けば「なし」を選択する

●ベッド上生活で、調査の際は痛みのために股関節の屈曲ができなかった。しかし日頃は股関節をほぼ直角に曲げて車椅子に乗車し、膝を拳2個分ほど開くこともできている	●確認動作が行えない場合でも、日頃確認動作と同様の動きができていることが確認できればできると評価する。この場合、調査時の状況と日頃の状況、選択根拠を特記事項に記載する
●大腿骨頸部骨折で人工骨頭置換術をしている。股関節は90°まで屈曲可能で外転も制限はないが、股関節脱臼^{だっきゅう}防止のために内転を禁じられている	●股関節の場合、内側への運動制限に関しては問わない
●変形性膝関節症で正座ができないが、膝関節の確認動作はできる	●日常生活の支障ではなく確認動作で判断する。正座ができないことで日常生活上の支障があれば特記事項に記載する

2 肩関節

ケース	選択理由
●肩関節脱臼の既往があり、再脱臼の恐れがあるため医師から上肢を肩の高さまで上げないように指示されている	●医学的理由で確認動作ができない場合は「制限あり」とする
●上肢を他動的に横に上げると胸の高さで肩が痛くなり、それ以上は顔をしかめてしまう	●痛みがある場合はそこまでの状況で判断する
●直立した姿勢では右腕は肩の高さまで上げられないが、身体を右に傾ければ肩の高さまで上げられる	●上半身を真っすぐにした状態で腕を肩の高さまで上げられるかで判断する

3 股関節

ケース	選択理由
● 左大腿骨転子部骨折術後で入院中。両股関節痛があり左下肢はほとんど外転できず、右下肢も20cm程度開くのがやっとの状態	● 外転制限があり、両下肢を外転しても両膝が25cm以上開かなければ「制限あり」とする
● 右股人工関節全置換術の既往があり、2週間前右股関節脱臼で入院した。現在脱臼は整復され、右股関節に常時固定用装具を付けている状態で確認動作はできない	● 装具等を日常的に使用している場合は、使用した状態で評価する
● 大腿部から欠損があり義肢を装着している。義肢装着での屈曲は40°程度しかできない	● 欠損があり、義肢を使用しても目的の確認動作が行えない場合は、「股関節」と「その他」を選択する
● 右片麻痺があり、右股関節の外転と屈曲は他動的にもわずかしかできない。しかし左下肢の外転は普通にできるため両膝を25cm以上開くことができる	● 股関節は、屈曲または外転のどちらかに可動域制限があれば該当する。この場合は右股関節の屈曲制限が拘縮に該当する

4 膝関節

ケース	選択理由
● 以前、交通事故で下腿骨骨折をした。膝はまっすぐ伸ばすことができるが、後遺症で他動的にも90°程度まで曲げることができない	● まっすぐ伸ばした状態から90°程度他動的に曲げることができない場合は「制限あり」とする
● 大腿骨骨折で保存療法中。常時長下肢装具を使用しており、股関節と膝関節の屈曲ができない	● 装具を使用している場合は、使用した状態で評価する。この場合、股関節と膝関節を「制限あり」とする
● 大腿部から欠損があり、義肢を使用している。義肢使用では膝の屈曲動作ができない	● 欠損があり、義肢を使用しても目的の動作ができない場合は「膝関節」と「その他」を選択する

● 膝の可動域制限があり膝は約20°〜30°に曲がり、それ以上伸びない。そのため移乗が不安定で、日頃身体を支える介助を受けている	● 日常生活の支障は選択基準ではないが、著しい可動域制限に該当するか判断が難しい場合は起居動作の支障で判断することもあり得る
● 左の膝関節は可動域制限があり約20°屈曲した状態から伸ばせないが、他動的に伸ばせる最大角度まで自分で下肢を上げることができる（左下肢の麻痺は「なし」、左膝関節の拘縮は「あり」とした例）	● 膝関節に軽度の可動域制限がある場合は、麻痺については他動的に伸ばせる最大角度まで自分で下肢を上げることができるかで判断し、拘縮の有無は調査員の判断になる

5 その他

ケース	選択理由
● 手指が拘縮している	● 手指、足趾関節の拘縮は「その他」に該当する
● 関節リウマチで両手指の関節が変形しており、動かすと痛みがある	● 痛みで他動的にも手指の運動ができない場合は「制限あり」を選択する
● 円背が強く、背が伸ばせない	● 他動的にも胸椎や腰椎の動く範囲に制限がある場合は「制限あり」とする
● 脳梗塞後遺症で上肢麻痺があり、肘の拘縮がある	● 肘は「その他」に該当する
● 足関節が拘縮し尖足になっている。寝たきりで、歩くことはないので日常生活には支障はない	● 拘縮の有無は関節の可動域に制限があるかで判断する。日常生活の支障では判断しない
● 下腿の欠損があり義足を使用している。義足使用で膝関節の確認動作はできる	● 義肢使用の有無にかかわらず、膝関節の確認動作ができれば欠損による「その他」のみを選択する

1-3 寝返り（能力）

調査項目の定義

「寝返り」の能力を評価する項目です。

ここでいう「寝返り」とは、きちんと横向きにならなくても、横たわったまま左右のどちらかに身体の向きを変え、そのまま安定した状態になることが自分でできるかどうか、あるいはベッド柵、サイドレール等何かにつかまればできるかどうかの能力です。

調査対象者に実際に行ってもらう、あるいは調査対象者や介護者からの日頃の状況に関する聞き取り内容で選択します。身体に布団等をかけない状態で選択します。

選択肢の選択基準

1 つかまらないでできる

- 何にもつかまらないで、寝返り（片側だけでもよい）が自力でできる場合をいう。
- 仰向けに寝ることが不可能な場合に、横向きに寝た状態（側臥位）から、うつ伏せ（腹臥位）に向きを変えることができれば、「1.つかまらないでできる」を選択する。
- 認知症等で声がけをしない限りずっと同じ姿勢で寝返りをしないが、声をかければゆっくりでも寝返りを自力でする場合、声がけのみでできれば「1.つかまらないでできる」を選択する。

2 何かにつかまればできる

- ベッド柵、ひも、バー、サイドレール等、何かにつかまれば自力で寝返りができる場合をいいます。

3 できない

介助なしでは、自力で寝返りができない等、寝返りに介助が必要な場合をいいます。

選択の際の留意点

● 原則として、日頃使用しているベッドや布団を使って実際に確認動作を行ってもらい評価します。

● 医師からの指示や医学的理由で日頃寝返りを行っていない場合はできないと評価します。

● コルセット等の装具、福祉用具等を使用している場合は使用している状態で評価判断します。

● 一度起き上がってから身体の向きを変える行為は、寝返りとはしません。

ポイント

● いつも横向きで寝ていて寝返りしない、日頃、自発的には寝返りしておらず、寝返りするときは介助を受けているとの理由で「できない」を選択するのは間違いになります。

1 つかまらないでできる

ケース	選択理由
● 調査の際は声がけだけで確認動作ができたが、日頃自発的に寝返りすることはない	● 能力項目であるため、日頃行っていない場合でも、できることが確認できれば「できる」を選択する
● 右側にはつかまらないで寝返りできるが、左側には何かにつかまらないとできない	● 左右どちらかにつかまらずに寝返りできれば「できる」と評価する
● 右側を向いて寝るのが習慣で、日頃、寝返りはうたない。確認動作ではつかまらずにできた	● 確認動作で評価する
● 両下肢麻痺があり、臀部はベッドについたままだが上半身はつかまらずに横向きになれる	● きちんと横向きになれなくても、つかまらずに身体の向きを変え、そのまま安定した状態になることができれば「できる」と評価する

2 何かにつかまればできる

ケース	選択理由
● 布団に寝ており、敷布団の縁をつかんで寝返りする	● つかまる物については限定しない
● 調査の際は下肢に痛みがあり寝返りできなかった。ふだん痛みがないときはベッド柵をつかんで寝返りができており、ここ1週間では下肢の痛みはほとんどなかった	● 実際に行った状況と日頃の状況が異なる場合はおおむね過去1週間でより頻回な状態で評価する
● 腰椎圧迫骨折で腰痛があるが、コルセット着用すれば毎回ベッド柵につかまっての寝返りはできる	● 福祉用具や装具を日頃着用している場合は着用した状態で評価する

3 できない

ケース	選択理由
● 腰曲りが強くいつも横向きになっており、向きを変える際は一度起き上がる必要がある	● 一度起き上がって向きを変える場合は、寝返りとは評価しない
● 腰痛と首の痛みがあり右向きにしかなれず、うつ伏せにもなれない	● 仰向けになれない場合は、横向きからうつ伏せになれるかで判断する
● 片麻痺がありいつも仰向けで寝ている。健側の手でベッド柵をつかんで横向きになるが、安定した状態になれない	● 姿勢が崩れる等で安定した状態になれない場合は「できない」と評価
● 大腿骨頸部骨折術後で入院中。調査の際、痛みをこらえて仰向けから横向きになれたが、横向きになると骨折部痛になるため日頃は横向きになれないときが多い	● 実際に行った状況と日頃の状況が異なる場合は、おおむね過去1週間でより頻回な状態で評価する

● 大腿骨頸部骨折で人工骨頭置換術後。脱臼^{きゅう}防止のために、寝る際は両下肢の間に外転枕を挟んで仰向けで寝るよう指示されている	● 医学的理由で寝返りが禁止されている場合は「できない」を選択する
● 認知症があり介助者の指示が通りにくく、調査の際は何とかつかまって寝返りできたが、日頃は促しても理解できないため毎回介助で寝返りしている	● 調査の際にできても、何らかの理由で日頃できない、できないときが多い場合は「できない」を選択する

注意!

「できない」を選択し、特記事項には「日頃仰向けで寝ており寝返りしていない。寝返りするときは介助しているが、本人に任せており今のところ褥瘡もない。寝返りするときは介助していることからできないを選択する」と記載があるケース。能力項目の場合、確認動作を行うことが原則であり、確認動作を施行できなかった場合はその理由と状況を特記事項に記載するとともに、選択した根拠を記載する必要があります。

PART
2

第
1
群

身体機能・起居動作 ― 1・3 ― 寝返り（能力）

1-4 起き上がり（能力）

調査項目の定義

　ここでいう「起き上がり」とは、身体の上に布団等をかけないで寝た状態から上半身を起こすことができるかどうかの能力です。

　調査対象者に実際に行ってもらう、あるいは調査対象者や介護者からの日頃の状況に関する聞き取り内容から選択します。

選択肢の選択基準

1 つかまらないでできる

- 何にもつかまらないで自力で起き上がることができる場合をいう。習慣的に、身体を支える目的ではなく、ベッド上に手や肘をつきながら起き上がる場合も含まれる。

2 何かにつかまればできる

- ベッド柵、ひも、バー、サイドレール等、何かにつかまれば自力で起き上がりができる場合をいう。

3 できない

- 介助なしでは自力で起き上がることができない等、起き上がりに介助が必要な場合をいう。途中まで自分でできても最後の部分で介助が必要な場合も含まれる。

選択の際の留意点

- 原則として日頃使用しているベッドや布団を使って実際に確認動作を行ってもらい評価します。
- 常時ベッドをギャッチアップしている場合はその状態から評価します（一旦フラットにする必要はありません）。その状況を特記事項に記載します。
- 寝た状態から上半身を起こす行為を評価するもので、うつ伏せになってから起き上がる

等、起き上がる経路については問いません。

●自分の膝の裏をつかむ等、自分の身体の一部を支えとする、または腕や肘に加重しないと起き上がれない場合は「何かにつかまればできる」を選択します。

●補装具を使用している場合は、使用した状態で選択します。ギャッチアップ機能がついているベッド等の場合はこれらの機能を使わない状態で評価します。

ポイント

●確認動作の際は、ベッド柵を置いたり介助者の手をつかめるようにするなど、つかまる物がある環境で実施します。

① つかまらないでできる	
ケース	選択理由
●調査時は腰痛がありベッド柵につかまって起き上がった。家族の話では腰痛があるときはつかまる必要があるが、日頃はつかまらずに起き上がっているとのこと	●実際に行った状態と日頃の状況が異なる場合は一定期間でより頻回な状態で選択する
●円背があり、ベッドをフラットにすると自力では起き上がれないためいつもベッドを20°程度にギャッチアップしている。日頃この状態からつかまらずに起き上がっている	●常時ギャッチアップしている場合は、その状態から自力で起き上がりができているかで選択する。ギャッチアップしている状態を特記事項に記載する
●円背があり、仰向けになれないためにいつも横向きで寝ている。横向きの状態からは、軽く手をつけば起き上がることができる	●起き上がる際の姿勢、経路は問わない。軽く手をつく状態は「何かにつかまればできる」には該当しない
●日頃から足を振り下ろす反動を利用して、つかまらずに起き上がっている	●つかまることなくできている場合は、その状況で選択する

右端縦書き:
PART 2 第1群 身体機能・起居動作 1-4 起き上がり(能力)

② 何かにつかまればできる

ケース	選択理由
● 腰痛のために仰向けのままでは起き上がれない。いつも一旦うつ伏せになって両手を付き、腕に加重して起き上がる	● 起き上がる経路は問わない。身体を支える目的で手等に加重して起き上がる場合は「つかまればできる」と評価する
● 両手を膝の下に差し入れ、膝をつかむようにして起き上がっている	● 自分の身体を支えにする場合は「つかまればできる」に該当する
● 介護者の手をつかんで起き上がる	● 介護者によって引き上げられているのではなく、ベッド柵等の代わりに介護者の手をつかんで自分で起き上がっている場合は「つかまればできる」と評価する
● 調査の際はベッド柵につかまり起き上がることができたが、日頃は楽なので電動のリモコンを使ってギャッチアップしている	● 日頃どのようにしているかではなく、確認動作で選択する。日頃できるか判断できない場合は実際に行った結果で選択しその状況を特記事項に記載する
● ベッドのフレームに結んだ紐をつかみ、自分で引っ張りながら起き上がる	● 起き上がり方は限定されない。自力でできていれば「つかまればできる」と評価する
● 現在入院中で、調査の際はベッド柵につかまり起き上がりができたが、不穏がありベッドから転落の危険があるため日頃ベルトで体幹抑制されており、起き上がることはない	● 能力項目のため、確認動作で判断するのが原則。この場合の抑制ベルトは定義にある「補装具」には含まれず、医学的理由で禁止されていることにも当たらない

③ できない

ケース	選択理由
●調査の際はベッド柵につかまり起き上がれたが、介護者の話では日頃はめまいや倦怠感があり自分で起き上がることはできないとのこと	●実際に行った状態と日頃の状況が異なる場合は一定期間でより頻回な状態で判断する
●自分でベッド柵をつかんで途中まで上体を起こすが、自力できちんと起き上がることはできない	●自力で座位の形まで起き上がれない場合は「できない」と評価する
●認知症があり指示が通らず起き上がりはできなかった。介護者の話では、日頃は促してもできるときと、できないときが半々とのこと	●日頃の頻回な状況でも選択に困る場合は、調査時の確認動作で選択し、日頃の状況を特記事項に記載する
●調査の際はベッド柵につかまってできたが、日頃は依存的で促しても起き上がれず、毎回介助を受けて起き上がっているとのこと	●実際に行った確認動作と日頃の状況が異なるケースで、能力的にもできないときが多い場合は「できない」を選択し、具体的な状況を特記事項に記載する

1-5 座位保持（能力）

調査項目の定義

「座位保持」の能力を評価する項目です。

　ここでいう「座位保持」とは、背もたれがない状態での座位の状態を10分間程度保持できるかどうかの能力です。調査対象者に実際に行ってもらう、あるいは調査対象者や介護者からの日頃の状況に関する聞き取り内容で選択します。

選択肢の選択基準

① できる

- 背もたれや介護者の手による支えがなくても、座位の保持が自力でできる場合をいう。
- 下肢の欠損等により床に足をつけることが不可能な場合であっても座位保持ができる場合には「1.できる」を選択する。
- 下肢が欠損しているが日頃から補装具を装着しており、できる場合は「1.できる」を選択する。

② 自分の手で支えればできる

- 背もたれは必要ないが、手すり、柵、座面、壁を自分の手で支える必要がある場合をいう。

③ 支えてもらえばできる

- 背もたれがないと座位が保持できない、あるいは、介護者の手で支えていないと座位が保持できない場合をいう。

④ できない

- 背もたれを用いても座位が保持できない場合をいう。具体的には、以下の状態とする。
- 長期間（おおむね1か月）にわたり水平な体位しかとったことがない場合。
- 医学的理由（低血圧等）により座位保持が認められていない場合。

●背骨や股関節の状態により体幹の屈曲ができない場合。

選択の際の留意点

●座位の状況（椅子、畳の上等）、座り方（端座位、長座位等）は問いません。

●コルセット等装具を着用している場合は、着用した状態で判断します。

●「支えてもらえばできる」と判断するベッドのギャッチアップやリクライニング車椅子等の具体的な角度の定めはありません。調査員が対象者の状況を確認して判断し、状況を特記事項に記載します。

●要介護認定における座位は医学的な定義とは異なり、「保持できない」と判断するのは基本的には以下の3点です。

①長期間（おおむね1か月以上）にわたり水平位しかとったことがない

②医学的理由により座位保持が認められていない

③背骨や股関節、腰等の拘縮や痛みがあって体幹の屈曲ができない

「医学的理由により座位保持が認められていない」場合とは次のようなケースがあります。

●起立性低血圧があり、支えがあっても上体を起こすことができない、または起こす角度の制限がある

●臀部や仙骨部に褥瘡があり、臀部に荷重すると痛みがある、褥瘡が悪化する

●肛門周囲の術後で、創部の安静のために荷重できない
　など

ポイント

●「自分の手で支えればできる」とは上半身を支えるために手や腕に荷重している状態をいいます。

●車椅子使用＝「支えてもらえばできる」ではありません。

日常的に車椅子を利用している方でも、10分程度であれば背もたれに寄りかかることなく座位保持できる方がいます。この場合は日頃の食事中の姿勢などを聞き取り、背もたれで身体を支えている状態かどうかで判断します。

■1 できる

ケース	選択理由
●腰痛があり、コルセットなしではベッド柵等につかまる必要があるが、コルセットを着用すればつかまらなくても10分間座位保持できる	●装具や器具類を使用している場合は使用した状態で評価する
●調査の際はソファーに座り背もたれに寄りかかっており、いつもこのようにして過ごしているとのこと。しかし、食事の際は寄りかかりや手で支えることもなく10分間程度は座位保持できている	●能力項目のため、日頃の「能力」で選択する。調査時の状況と日頃の状況、選択根拠を特記事項に記載する
●現在施設入所中。自力歩行ができないため車椅子での生活になっている。日頃食事や話をしているときは、車椅子の背もたれに寄りかかることなく座位保持ができている	●車椅子の生活であっても、日頃手で支えたり背もたれに寄りかかることなく10分間程度の座位保持ができている場合は「できる」を選択する
●ベッドに手をつけば座位保持可能	●軽く手をつく状態の場合は「できる」と評価し、ベッドに手をついて上半身を支えている状態の場合は「自分の手で支えればできる」と評価する

■2 自分の手で支えればできる

ケース	選択理由
●テーブル上に手を置き、手で身体を支えながら座っている	●手で支えないと座位保持できない場合は該当する
●椅子の肘当てをつかみ、肘当てに寄りかかるようにして座位を保持する	●背もたれが必要な状態ではないが、自分の手で支える必要がある場合は該当する
●腰曲りが強く、膝の上に両手を置き、腕に荷重して座位を保持する	●自分の身体の一部を支えにしないと座位保持できない場合は該当する

●調査の際は畳の上に長座位になっていたが、起きているのがつらくなり、2〜3分間ほどでその場に横になった。家族の話では食事の際毎回10分間程度は食卓テーブルに片手をつき、座って食べているとのこと	●確認動作の状況と、日頃の状況が異なる場合は、過去おおむね1週間でのより頻回な状況で選択し、その状況を特記事項に記載する

3 支えてもらえばできる

ケース	選択理由
●自分でベッド柵につかまり、さらに介助者が対象者の肩を支えないと座位保持できない	●介護者の手で支えていないと保持できない場合は「支えてもらえばできる」と評価する
●寝たきりで、経管栄養の際は毎回50°〜60°程度にギャッチアップし、姿勢が崩れないように脇をクッションで支える必要がある	●自分の手ではなく、クッション等で支えて保持する場合は該当する
●背もたれがあっても上体を30°以上起こすと姿勢がくずれるために、ベッドのギャッチアップやリクライニング車椅子の背もたれ角度は30°程度までにしかできない	●「医学的理由で座位保持が認められていない」には該当しない。背もたれを使って30°程度で保持できれば「支えてもらえばできる」と評価する
●脳出血後遺症で上肢の不随運動があり姿勢が崩れる。座位保持も介助者が傍らでつねに姿勢を整える必要がある	●安定して座位保持ができない状態であっても、「できない」には該当しない

●畳上の生活で、日頃から寝たり起きたりである。調査の際は10分間起きていられず途中で横になった。日頃、自宅では布団の上で横になったまま食事をするときが多いが、週2回のデイサービスでは車椅子に乗車し、背もたれに寄りかかり30分間ほどの座位保持が毎回できていると聞き取る	●日頃背もたれのある椅子等を使っていない場合に、座位保持ができていることが確認できればその状況で選択する。調査時の状況と日頃の状況、選択根拠を特記事項に記載する

4 できない

ケース	選択理由
●臀部に褥瘡があり、痛みのために上半身を20°ほどしか上げられない	●痛みのために臀部に荷重できない状態で、「医学的理由で座位保持が認められていない」に該当する
●入院中で寝たきりの状態。起立性低血圧があり、起き上がりは経管栄養時のみで、ベッドのギャッチアップは30°までとの医師の指示がある	●医学的理由で座位が制限されている場合は「できない」を選択する
●調査の際はベッドの柵を両手でつかんで座位保持できたが、日頃は腰痛で10分間の座位保持はできず、食事も途中で横になる等しながら食べていると聞き取る	●実際に行った状況と日頃の状況が異なる場合は一定期間のより頻回な状況で選択し、状況を特記事項に記載する
●腰椎圧迫骨折で10分間座位保持できない。日頃食事は5分ほどで済ませ、受診の際は待合室の椅子に座っていられず外来処置室で横になっている	●選択基準の「背骨の状態により体幹の屈曲ができない場合」に該当する

1-6 両足での立位保持（能力）

調査項目の定義

「両足での立位保持」の能力を評価する項目です。

ここでいう「両足での立位保持」とは、立ち上がったあとに、平らな床の上で立位を10秒間程度保持できるかどうかの能力です。調査対象者に実際に行ってもらう、あるいは調査対象者や介護者からの日頃の状況に関する聞き取り内容で選択します。

選択肢の選択基準

1 支えなしでできる

● 何にもつかまらないで立っていることができる場合をいう。

2 何か支えがあればできる

● 壁、手すり、椅子の背、杖等、何かにつかまると立位保持が可能な場合をいう。

3 できない

● 自分では物につかまっても立位を保持できないが、介護者の手でつねに身体を支えれば立位保持できる、あるいは、どのような状況であってもまったく立位保持ができない場合をいう。
● 寝たきりで明らかに立位をとれない場合も含まれる。

選択の際の留意点

● 立ち上がるまでの行為は含みません。
● 片足の欠損や拘縮のために片方の足が床につかない場合は、ついた片足で項目の定義にある行為ができるかで判断します。
● 自分の身体の一部を支えにして立位保持する場合は、「2.何か支えがあればできる」を選択します。

- 「支えがあればできる」とは、自分の手で支えることであり、介助者から支えてもらう場合は含まれません。
- 自力で立ち上がりができない場合でも、介助で立ち上がれば両足での立位保持ができる場合が多いので、安全を確保した状態で実際に行ってもらうようにします。

1 支えなしでできる	
ケース	選択理由
● 左膝が拘縮しており、両足に荷重すると支えなしで立つことはできないが、日頃から支えがなくても右足のみで10秒間の立位保持ができている	● 両足がきちんとつかない状態であっても、片足で定義で示す行為ができれば「できる」と評価する
● 片足は膝から下が欠損しており義肢は使用していない。調査の際、健側の足のみで支えなく10秒間立位保持ができた	● 欠損がある場合も、片足で定義で示す行為ができれば「できる」と評価する
● ズボンの上げ下ろし程度の短い時間はつかまらずにできる	● 10秒間は保持できたケースだが、「短い時間」の表現は解釈の相違があるので「10秒間」などの具体的な状況を記載する

2 何か支えがあればできる	
ケース	選択理由
● 腰曲りがあり、前屈みになり両手で膝をつかんで立位を保持する	● 身体の一部を支えにする場合は「何か支えがあればできる」と評価する
● 介助者の両手につかまって立位を保持する	● 介助者によって身体を支えられている状態ではなく、介助者の手をつかむことで保持できる場合は該当する

●ふらつきがあり、腕に加重するほどではないが身近なものにつかまらないと不安で10秒間は立っていられない	●腕に加重する状態でなくても、何かを支えにしないと不安定で10秒間立っていられない場合は該当する
●腰椎圧迫骨折による腰痛があり常時コルセットをしている。コルセットをすれば歩行器につかまって立位保持できる	●日頃コルセットを使用している場合はその状況で評価する

❸ できない

ケース	選択理由
●手すりにつかまり2～3秒程度は自力で立位保持できるが、それ以上は膝折れしてしまい、保持できない	●自力で10秒間程度保持できない場合は「できない」と評価する
●介護者に両脇を支えてもらえば立位保持できる	●何かにつかまっても保持できない、介助者によって身体を支える必要がある場合は「できない」と評価する
●現在入院中で、2週間前から点滴継続中でベッド上安静の指示がある	●医療上の必要から一定期間その機会がない場合は「できない」を選択する

1-7 歩行（能力）

歩行（能力）

調査項目の定義

「歩行」の能力を評価する項目です。

ここでいう「歩行」とは、立った状態から継続して歩くことができるかどうかの能力です。立った状態から継続して（立ち止まらず、座り込まずに）5m程度歩ける能力があるかどうかで選択します。

選択肢の選択基準

1 つかまらないでできる

- 支えや日常的に使用する器具・器械なしに自分で歩ける場合をいう。
- 視力障害者のつたい歩きも含まれる。
- 視力障害があり、身体を支える目的ではなく方向を確認する目的で杖を用いている場合は、「1.つかまらないでできる」を選択する。

2 何かにつかまればできる

- 杖や歩行器等を使用すれば歩ける、壁に手をかけながら歩ける場合等をいう。
- 片方の腕を杖で、片方の腕を介護者が支えれば歩行できる場合は、「2.何かにつかまればできる」を選択する。

3 できない

- 何かにつかまったり、支えられても歩行が不可能であるため車椅子を使用しなければならない、どのような状況であっても歩行ができない場合をいう。寝たきり等で歩行することがない場合、あるいは、歩行可能であるが医療上の必要により歩行制限が行われている場合も含まれる。
- 「歩行」については、5m程度歩けるかどうかについて評価する項目であり、「2mから3m」しか歩けない場合は「歩行」とはとらえないため、「3.できない」を選択する。

選択の際の留意点

- 歩行ができない状態とは①つかまっても支えられても自分では歩けない　②5m連続して歩けない　③医学的理由または安全のために歩行が制限されている等があります。
- 這って移動する、いざって移動する等、立位になれない状態の場合は歩行とは評価しません。
- リハビリとして理学療法士、作業療法士等が付き添ってのみ行っている場合はできるとは評価しません。
- 補装具、福祉用具を使用している場合は使用している状況で評価します。

ポイント

- 実際に歩いてもらいその状況を評価しますが、日頃の状況も確認します。
- 能力的にはつかまらずに歩ける場合でも転倒の不安から杖などを使用している場合があります。能力で判断する項目なので、この場合は「つかまらないでできる」となりますが、日頃から「杖がないと不安で歩けない」状態であれば、日頃の状態で選択します。

特記事項記載の留意点

- 「つかまらないでできる」を選択して、「2-2移動」の項目で「見守り」や「一部介助」を選択しているような場合は、特記事項に日頃の歩行状況を記載し、介助が必要な理由を記載して両項目間の整合性がとれるようにします。
- 能力的にはつかまらずに歩けるにもかかわらず転倒予防のために杖などを使用している場合、「つかまらないでできる」を選択し、特記事項に「調査の際はつかまらずに歩けたが日頃は杖を使用している」と記載すると、「調査の際はできたが、日頃はつかまらないとできない」と捉えられる場合があります。誤解されないよう「日頃からつかまらずに歩けるが、転倒予防のためにいつも杖を使用している」と記載することをお勧めします。

1 つかまらないでできる

ケース	選択理由
●視力不良で、壁をつたったり杖で前を探るようにして歩いている。壁や杖を支えにすることはない	●方向を確認する目的での杖は「何かにつかまる」には該当しない
●調査の際はつかまらずに腰をかばうようにして5m歩けたが、普段腰痛があり腰に両手を当てて歩いている	●この場合は、身体を支えにして歩いているのではなく、痛みを和らげるために手を当てている状態なので、「何かにつかまればできる」には該当しない
●調査の際はつかまらずに安定して歩けたが、施設職員の話では日頃施設内のところどころに手をかけて歩いているとのこと	●習慣的に手をかける、身体を支える目的でない場合は「つかまらないでできる」と評価する
●片足を欠損し義足をつけていない。室内は常時つかまらずに片足で跳ねるようにして移動している	●日常的に義肢等を使用していない場合はその状況で選択する
●両眼を失明しており、U字型歩行器につかまって歩くが歩行器を支えにはしておらず、歩いてぶつかっても大丈夫なようにガード用として使っている	●歩行器を使用していても、身体を支える目的ではない場合は「つかまらないでできる」に該当する

2 何かにつかまればできる

ケース	選択理由
●調査の際は杖なしで5m歩けたが、ふだんはバランスを崩しやすく、1か月前に転倒していることもあり、杖がないと不安で歩けない	●能力で評価する項目だが、何らかの事情で日頃できない状態であれば、より頻回な状況から選択し、具体的な状況を特記事項に記載する
●片方の手で杖を持ち、反対側の腕を介護者に支えてもらいながら歩いている	●つかまりや支えがあればできると評価する

●腰曲りがあり、前屈みになって両膝に手を当てて歩行する。膝から手を放すとバランスが悪くなる	●膝に当てた手を支えにしないと歩けない場合は該当する。習慣的に手を当てる場合は該当しない
●入院中で、病棟内は歩行が許可され、調査の際も1本杖につかまり安定して歩けたが、対象者は転倒が不安なことから日頃車椅子で自走している	●「歩行ができない」とは、どのような状況であっても歩行ができない場合であり、この場合は該当しない。実際の状況と選択根拠を特記事項に記載する
●片方の腕を介護者の肩にかけ、身体を支えられるようにして歩いている	●支えられて歩行している場合も「つかまればできる」と評価する
●日中のみ歩行器を使用するがまだ不安なため車椅子も併用している。頻度的には車椅子のほうが多い	●能力項目であり、またこの場合は「できるときと、できないときがある」には当たらず、頻度での評価にはならない

3 できない

ケース	選択理由
●ふだんは這って移動しており、つかまっても支えられても立って歩くことができない	●立った状態で歩くことができなければ歩行できると評価しない
●両足切断のため立位をとることはできないが両手を使って移動はできる	●上記と同様
●入院中で、リハビリでのみ歩いており、日頃病棟内は車椅子で移動している	●「選択の際の留意点」を参照
●調査の際は息苦しさがあり、5m連続して歩くことができなかった。日頃も途中で休みながらトイレに行っているとのこと	●5m連続して歩けない場合は「できない」と評価する
●日頃は膝がガクガクしてつかまっても歩行できず、車椅子で移動している。調査の際は手すりにつかまって5m歩いたため家族も驚いている	●調査の状況と日頃の状況が違う場合は、より頻回な状況で選択する

●下肢筋力低下が著明で、調査の際は介護者が両側に立ち、対象者の両腕を介護者の肩にかけ、対象者は引きずられるように歩いている。自宅内は段差があるため日頃こうして移動しているとのこと	●対象者が自分の足に荷重していない状態は、歩いているとはいえない

注意!

調査の際は歩行できなかったために「できない」を選択し、移動は介護者に腰を支えられて歩行器を使って歩いており「一部介助」を選択しているケース。この組み合わせは「警告コード」では表示されませんが、歩行と移動の整合性には注意が必要です。認定審査会委員が見て整合性がとれていないと感じるような特殊なケースは特記事項に状況を記載する必要があります。

1-8 立ち上がり（能力）

調査項目の定義

「立ち上がり」の能力を評価する項目です。

ここでいう「立ち上がり」とは、椅子やベッド、車椅子等に座っている状態から立ち上がる行為を行う際に（床からの立ち上がりは含まない）、ベッド柵や手すり、壁等につかまらないで立ち上がることができるかどうかの能力です。膝がほぼ直角に屈曲している状態からの立ち上がりができるかどうかで選択します。

選択肢の選択基準

1 つかまらないでできる

●椅子、ベッド、車椅子等に座っている状態から立ち上がる際に、ベッド柵、手すり、壁等何にもつかまらないで、立ち上がる行為ができる場合をいう。

2 何かにつかまればできる

●ベッド柵、手すり、壁等、何かにつかまれば立ち上がる行為ができる場合をいう。介護者の手で引き上げられる状況ではなく、支えがあれば基本的に自分で立ち上がることができる場合も含まれる。

3 できない

●自分ではまったく立ち上がることができない場合をいう。身体の一部を介護者が支える、介護者の手で引き上げる等、介助がないとできない場合も含まれる。

選択の際の留意点

●ふだん畳上の生活で椅子に座る機会がない場合は、洋式便器や受診時の待合室での状況等で評価します。
●立ち上がりのための「つかまり」とは、つかまったり手をついたりして腕に加重する状

態を指します。

●自分の身体の一部を支えにして立ち上がる場合は「2.何かにつかまればできる」を選択します。

ポイント
●膝がほぼ直角に屈曲した姿勢となる椅子などを使って確認します。

1 つかまらないでできる	
ケース	選択理由
●身近な家具等に軽く手をかけて立ち上がる	●軽く手をかける状態は「つかまる」には該当しない
●座面に手をついて立ち上がるが、習慣的に手をつく程度で腕に加重する状態ではない	●加重しないと立ち上がれない場合が「何かにつかまればできる」に該当する
●床から立ち上がる際は前に置いた食卓テーブル等につかまる必要があるが、椅子からはつかまることなく立ち上がれる	●膝がほぼ直角に曲がった状態からの立ち上がり状況で評価する
●パーキンソン病による症状の日内変動があり、午前中はほとんど身体が動かず立ち上がりもできない。訪問調査は午後に行い、立ち上がりも、つかまらずにできた	●できるときと、できないときがある場合は頻度で判断する。パーキンソン病の方の場合は日内変動の特記事項への記載は必須

2 何かにつかまればできる	
ケース	選択理由
●介護者の両手をつかんで、その手を支えに立ち上がる	●引き上げる介助ではなく、つかまる物があれば自分で立ち上がれる場合は該当する

● 調査の際は対象者の前につかまる物がなく、自力では立ち上がれなかった。しかし日頃はテーブル等に手をつき、腕に加重して1人で椅子から立ち上がっている	● 実際に行った確認動作の状況と日頃の状況が異なる場合は、日頃のより頻回な状況で選択する
● 腰曲りがあり、両膝に手を置き前屈みになって腕に加重して立ち上がる	● 自分の身体の一部を支えにして立ち上がる場合は該当する

❸ できない

ケース	選択理由
● 脇支えや腕を抱える等しないと自分1人では立ち上がれない	● 自力では立ち上がれない場合は「できない」と評価する
● 介護者が対象者の手をつかんで引き上げないと自力では立ち上がれない	● 上記と同様
● ズボンやベルトを引き上げる介助がないと自力では立ち上がれない	● 上記と同様
● 入院中で現在点滴治療を受けている。ベッド上安静の指示があり1週間以上立ち上がり行為がない	● 医学的理由から一定期間その状況にない場合は「できない」を選択する

1-9 片足での立位（能力）

片足での立位（能力）

調査項目の定義

「片足での立位」の能力を評価する項目です。

　ここでいう「片足での立位」とは、立ち上がるまでに介助が必要か否かにかかわりなく、平らな床の上で、自分で左右いずれかの片足を上げた状態のまま立位を保持する（平衡を保てる）ことができるかどうかの能力です。平らな床の上で、自分で左右いずれかの片足を上げた状態のまま1秒間程度、立位を保持できるかどうかで選択します。

選択肢の選択基準

1 支えなしでできる

● 何もつかまらないで、いずれか一側の足で立っていることができる場合をいう。

2 何か支えがあればできる

● 壁や手すり、椅子の背等、何かにつかまればいずれか一側の足で立っていることができる場合をいう。

3 できない

● 自分では片足が上げられない、自分の手で支えるのではなく、介護者によって支えられた状態でなければ片足を上げられない、あるいは、どのような状況であってもまったく片足で立っていることができない場合をいう。

選択の際の留意点

● 片方の下肢に麻痺があり、麻痺側の足を上げられず床についている場合であっても、麻痺側の足が立位保持に関与していない状況であれば、健側の足で1秒間程度平衡を保てるかどうかで選択します。
● 福祉用具や器具類を使用している場合は、使用している状況で選択します。

●ここでの"支え"は自分の手で支えることであり、介助者の支えではありません。

ポイント
●両足立位保持が比較的安定している場合は、両足立位の動作確認に続いて、その場でゆっくり足踏みをしてもらい、その状態で評価するのもよいでしょう。

1 支えなしでできる	
ケース	選択理由
●調査の際、指示が通らず確認動作は行ってもらえなかったが、歩行はつかまることなく足も上げて歩いていた。日頃も歩行にふらつき等はないと聞き取る	●確認動作ができない場合でも、日頃類似した行為ができている場合は「できる」と評価する。確認動作ができない理由と選択根拠を特記事項に記載する
●右片麻痺があり右足はわずかしか上げられない。右足が軽く床についているが、左足にのみ荷重してつかまらずに立位保持できる	●片足に麻痺がある場合で、麻痺側足が床についても、健側足での立位保持に関与していない場合は「支えなしでできる」と評価する

2 何か支えがあればできる	
ケース	選択理由
●調査の際、体調が悪く実際には行ってもらえなかった。家族の話では日頃1人で入浴しており、浴槽につかまり、またいで浴槽の中に入ることができているとのこと	●調査の際、確認動作ができなくても、日頃確認動作と同様の行為があれば、その行為で評価する
●つかまらずに片足を上げられるが、平衡を保てず、すぐに足を下ろしてしまう。何かにつかまれば片足で安定して保持できる	●1秒間程度平衡を保てるかどうかで選択する

3 できない	
ケース	選択理由
●両足では柱等につかまって立位保持できるが、片足ではいずれの足でもふらつきがありできない	●片足では平衡を保てない場合は「できない」を選択する
●手すりにつかまり立っているのが精一杯で、自分では片足を上げられない	●自分で片足を上げられない場合は「できない」を選択する
●右大腿骨転子部骨折で保存療法。右股関節にまだ痛みがあり、右足を上げることも右足で立つこともできない	●痛み等でどちらの足も上げられない場合は片足立位ができないと評価する
●両手で手すりをつかみ、手すりに体重をかけた状態なら何とか片足を上げられる	●何かを支えに片足に荷重して立位になれる場合は「支えがあればできる」、片足に荷重できない状態ならば「できない」と評価する

1-10 洗身（介助の方法）

調査項目の定義

「洗身」の介助が行われているかどうかを評価する項目です。

ここでいう「洗身」とは、浴室内（洗い場や浴槽内）で、スポンジや手拭い等に石けんやボディシャンプー等をつけて全身を洗うことです。

選択肢の選択基準

1 介助されていない

● 一連の「洗身」（浴室内で、スポンジや手拭い等に石けんやボディシャンプー等をつけて全身を洗うこと）の介助が行われていない場合をいう。

2 一部介助

● 介護者が石けん等をつけて、身体の一部を洗う等の場合をいう。
● 見守り等が行われている場合も含まれる。

3 全介助

● 一連の「洗身」（浴室内で、スポンジや手拭い等に石けんやボディシャンプー等をつけて全身を洗うこと）のすべての介助が行われている場合をいう。
● 本人に手の届くところを「洗身」してもらったあと、本人が「洗身」した箇所も含めて、介護者がすべてを「洗身」し直している場合は、「3.全介助」を選択する。

4 行っていない

● 日常的に「洗身」を行っていない場合をいう。

選択の際の留意点

● 入浴環境は問いません。

- 入浴行為および洗髪行為は含みません。
- 複数の入浴形態があり介助の方法が違う場合は、一定期間（おおむね過去1週間）での頻度で選択します。もし状態の悪化等で一定期間内でも介助の方法が変わっている場合は、今後も継続して行われる状況を想定して選択し、状況を特記事項に記載します。
- 習慣的にまたは医学的理由から、入浴しても石けんやボディシャンプー等は使用せず、タオル等でこすり洗いをしている場合も、その行為を洗身として評価します。
- 身体を洗う行為に対して介助が行われているかを評価するもので、石けんやタオルなどの準備行為は含まれません。

ポイント

- 洗身を含めた入浴全般に対して見守りが行われている場合は見守りに含まれますが、浴槽の出入りのみの見守りは含まれません。
- おおむね過去1週間での状況で評価し"入浴していない""洗身していない"場合は「行っていない」を選択します。入浴・洗身していないことを不適切とするのではなく実際の状況で選択します。なお、「行っていない」を選択した場合の一次判定は「全介助」を選択した場合と同じです。

1 介助されていない

ケース	選択理由
● 入浴は自宅と週1回のデイサービスで行う。自宅ではほぼ毎日入浴し自分で洗身するが、デイサービスでは背部や臀部は洗身介助されている	● 入浴形態や介助の方法が異なる場合は頻度で選択する
● 1人で入浴するが、自発的に洗身しないため家族が入浴中に見に行き、洗身しているか確認している	● 洗身に常時の付き添いがない場合は見守りに該当しない
● 1人で入浴しており洗身もしていると言うが、入浴時間が短いため、家族が毎回入浴中に脱衣所に行き、聞き耳を立てて洗身しているか確認している	● 見守りには該当しない。状況を特記事項に記載する

●視力不良のために、タオルに石けんをつける行為と身体を洗ったあと、シャワーで流す行為が介助されている。身体を洗う行為は自分でしており、洗身中の見守りもされていない	●身体を洗う行為に対して介助が行われているかで選択する。石けんをつける行為やシャワーで流す行為は含まれない

② 一部介助

ケース	選択理由
●洗身に介助はないが右片麻痺のために右腕が上がらず部分的にしか洗身できない。そのために背部等にかゆみがある	●現在の状況は不適切と判断し、身体状況から「一部介助」を選択する
●入院中で、身体機能に問題はなく対象者は1人で洗身できる状態だが、毎回看護師によって背部や臀部の洗身、洗髪が介助されている	●行われている介助の方法が不適切か否かは、能力のみではなく生活環境やおかれた状況から総合的に判断する。この場合は不適切とはいえない
●対象者が自発的に洗身するのは前部分のみのために、家族が毎回洗身中に付き添って、全身を洗うよう声がけしている	●常時の付き添いがあり、洗身に対する声がけ等がされている場合は見守りに該当する
●グループホーム入居中で、洗身は自分で行うが、どこを洗ったか忘れてしまい同じ所を何度も洗っており確認や指示が必要である	●指示や確認が行われているので「見守り」が行われていると評価する。あるいは現在の状況は不適切として適切な介助として「一部介助」を選択するケース。いずれにしても「一部介助」になる
●洗身は自分でしているが、転倒の危険があるために家族が洗身も含めてずっと付き添っている	●見守りの必要があり、洗身行為を含めた入浴全般に声がけや確認などの見守りが行われている場合一部介助に該当する

❸ 全介助

ケース	選択理由
●施設入所中で、上肢の機能に問題はないが、自力での立位保持が困難で機械浴を利用しており、洗身は全介助されている	●入院や入所している場合、行われている介助の方法が適切かどうかは、おかれた状況などから総合的に判断する
●毎日1人で入浴し、陰部と手だけ洗っている。週1回のみ妻の介助で全身を洗っている	●洗身は「全身を洗うこと」であり、この場合は週1回の洗身行為に介助が行われているかで判断する
●自分でタオルを持ち胸などを洗うが、不十分なため家族が毎回対象者が洗った部分も含めて洗い直している	●本人が洗身した箇所も含めて洗身し直している場合は「全介助」となる

❹ 行っていない

ケース	選択理由
●入院中で上下肢の浮腫（ふしゅ）が強く1週間以上前から入浴洗身しておらず、清拭（せいしき）のみ	●清拭は洗身に該当しない
●寝たきりで2か月間入浴していない。1週間に数回家族がボディ洗浄フォームを使って身体を拭いている	●市販されているボディ洗浄フォームは清拭目的のもので、洗身には該当しない
●1週間前に自宅に退院した。自宅では入浴できない状態だがまだケアプランが決まっておらず退院後は入浴していない。現在身体が臭っている状態である	●この場合は「行っていない」を選択するか、あるいは現在の状況を不適切と判断して適切な介助の方法を選択するかのいずれかになる

> **注意！**
>
> 入浴形態が複数ある場合や通所サービスでのみ入浴している場合は、実際の介護の状況がわかるようにその頻度と介助の方法、「自宅では入浴せず」等を特記事項に記載します。

1-11 爪切り（介助の方法）

調査項目の定義

「爪切り」の介助が行われているかどうかを評価する項目です。

ここでいう「爪切り」とは、「爪切り」の一連の行為のことで、「爪切り道具を準備する」「切った爪を捨てる」等を含みます。

選択肢の選択基準

1 介助されていない

● 「爪切り」の介助が行われていない場合をいう。

2 一部介助

● 一連の行為に部分的に介助が行われている場合をいう。

● 爪切りに見守りや確認が行われている場合を含む。

● 左右どちらか片方の手の爪のみ切れる、手の爪はできるが足の爪はできない等で一部介助が発生している場合も含む。

3 全介助

● 一連の行為すべてに介助が行われている場合をいう。

● 介護者が、本人が行った箇所を含めてすべてやり直す場合も含む。

選択の際の留意点

● 調査日からおおむね過去1か月の状況で選択します。

● 時間帯や体調によって介助の方法が異なる場合は、一定期間内（調査日よりおおむね過去1か月）の状況において、より頻回に見られる状況で選択しますが、一定期間内で、入退院や心身状態の悪化等により介助の方法が変わった場合は、身体状況等を総合的に判断して選択し、状況と選択理由を特記事項に記載します。

●四肢の全部の爪がない等で行為自体が発生しない場合は、四肢の清拭等の代替行為で選択します。

●施設や病院などで、本人に爪切りの能力があるにもかかわらず介助されている場合は、能力のみで評価せず、生活環境や本人のおかれている状態などを含めて、総合的に判断します。

1 介助されていない	
ケース	選択理由
●爪を切る必要の判断ができず、毎回家族に促されて爪を切っている。爪切りの一連の行為は１人でできる	●促しのみが行われている場合は見守りに該当しない
●自分で切ったり、週１回のデイサービスで介助で切ってもらったりさまざま。自分で切るときは支障なくできている	●頻度での判断ができない場合、自分で切って不適切でなければ「介助されていない」を選択する
●1か月前退院した。入院中爪切りは全介助されていたが、退院後は爪切りをしていない。入院前は介助なしで切っており、身体状況は入院前の状態にほぼ戻っている	●総合的に判断しての選択。状況と選択理由を特記事項に記載する

2 一部介助	
ケース	選択理由
●足の爪が巻き爪のために足のみ毎回皮膚科で切ってもらっている	●手、足どちらかが介助されている場合は一部介助に該当する
●独居で腰痛がありコルセット着用中。手の爪は自分で切っているが、前屈み困難で足の爪が切れず爪が伸びている	●日頃、装具等を使用している場合はその状況で評価し、この場合は不適切と判断し、身体状況から適切な介助の方法として「一部介助」を選択する

● 精神科病院に入院中。爪切り行為は1人でできるが、看護師によって爪切り道具の準備と爪切り中の見守りが行われている	● 能力ではなく、介助の方法で選択する。安全上から必要な介助が行われていると評価する
● 眼底疾患があり視野の中心部が見づらい状況。爪は感覚で切れるが、切った爪をゴミ箱の中にうまく捨てることができないため毎回家族に捨ててもらっている	● 切った爪を捨てる行為は、爪切りの一連の行為に含まれる
● 爪切りの一連の行為は自分でしており、爪切り中の付き添いもない。しかし、きちんと切れていないことが多いため切ったあとに家族が毎回確認している	● 付き添っての見守りが行われていない場合でも、切ったあとの確認が行われている場合は見守りに含まれる

3 全介助

ケース	選択理由
● 握力が弱く、自分では切れないため毎回手・足とも施設職員が切っている	● 一連の行為すべてに介助が行われているとして「全介助」を選択する
● 爪を切る能力はあるが、日頃経管栄養チューブをいじる行為があるため両手にミトンを着用している状況で、爪切りは毎回全介助されている	● 能力のみでの判断ではなく、状況等を総合的に判断して選択する。安全上の問題から介助が行われている状態と評価する
● 1か月前に退院し、現在ベッド上生活。退院後まだ爪切りはしていない。入院中爪切りは全介助でされており、現在もADLは食事以外ほぼ全介助の状態である	● 入院中の介助の方法と現在の身体状況から判断して選択する。爪はあることから「行為が発生しない場合」には該当しない
● 約1か月前からショートステイ利用。爪切りは手も足も施設職員の介助を受けているが、自宅にいるときは自分で切っていたとのこと	● 能力があるが介助されているケース。ポイントで示したとおり、能力のみで評価せず総合的に判断する。この場合も「何らかの理由があって介助が行われている」と判断し、実際に行われている介助の方法で選択する

1-12 視力（能力）

調査項目の定義

「視力」（能力）を評価する項目です。

ここでいう「視力」とは、見えるかどうかの能力です。調査員が実際に視力確認表の図を調査対象者に見せて、視力を評価します。

選択肢の選択基準

1 普通（日常生活に支障がない）

- 新聞、雑誌等の文字が見え、日常生活に支障がない程度の視力を有している場合をいう。

2 約1m離れた視力確認表の図が見える

- 新聞、雑誌等の字は見えないが、約1m離れた視力確認表の図が見える場合をいう。

3 目の前に置いた視力確認表の図が見える

- 約1m離れた視力確認表の図は見えないが、目の前に置けば見える場合をいう。

4 ほとんど見えない

- 目の前に置いた視力確認表の図が見えない場合をいう。

5 見えているのか判断不能

- 認知症等で意思疎通ができず、見えているのか判断できない場合をいう。

選択の際の留意点

- 十分な明るさの下で、実際に認定調査員テキストに付属する視力確認表を見せて判断します。

- 日頃眼鏡やコンタクトレンズを使用している場合は使用した状況で選択します。
- 原則として、視力確認表を対象者の正面に置いた状態で確認することとし、視野欠損や視野狭窄がある場合でも正面で見た状態で評価します。

ポイント

- 視力確認表での確認ができない場合は、食事の際はどのようにして食べているかなどを聞き取り評価します。
- 遠方視力（遠くを見る能力）で評価します。
  高齢者で"遠くは見えるが近くが見えない"場合はいわゆる「老眼」で生理的なものです。この場合はその人に合った老眼鏡をかけると近くも見えるはずですから、「日常生活に支障がある」とは評価しません。
- 目の悪い人は視力を測られることを好まないので、視力での障がい者手帳を持っているなど、見えないことがわかっている場合は口頭で聞き取りし、必ずしも視力確認票で確認する必要はありません。

1 普通（日常生活に支障がない）

ケース	選択理由
● 認知症がありベッド中心の生活。視力確認表を使っての質問には頷くだけで答えることはない。ふだんは追視もあり、食事も自分で箸を使って食べており、生活に支障はない	● 視力確認表で確認できない場合は、一定期間内の日頃の状況から判断する
● 離れたところは見えるが手元の細かい物が見えない。老眼鏡を使えば手元も支障なく見える	● 老眼鏡使用で見える場合は生活に支障があるとは評価しない

② 約1m離れた視力確認票の図が見える

ケース	選択理由
●脳梗塞に伴う左側空間無視があるが正面に置いた視力確認表は1m離して見える	●視力確認表を使って判断し、生活への支障は特記事項に記載する
●緑内障で両眼ともに視野の右半分が見えず、右側にある物にぶつかる等生活に支障がある。1m離して正面に置いた視力確認表は見える	●視野狭窄（きょうさく）がある場合であっても正面の視力確認表が見えるかで判断し、日頃の状況を特記事項に記載する
●眼底疾患があり、明るいところでは1m先の視力確認表が見えるが、暗いところでは視力が極端に低下する	●充分な明るさの下での視力で選択し、状況を特記事項に記載する
●調査の際は反応が鈍く、視力確認表での確認はできなかった。普段は1mほど離れて話す家族や往診医に対して表情を変え、笑顔を見せたり頷いたりしている	●視力確認表以外でも、日頃の身振り等で見えていることが確認できればその状況で判断する

③ 目の前に置いた視力確認票の図が見える

ケース	選択理由
●視力確認表では答えなかったが、日頃眼の前で手や物を動かすと顔を動かして追う行為（追視）がある	●日頃追視する行為が見られる場合は、身振りから「見える」と判断し、状況を特記事項に記載する
●認知症があり、正面に置いた視力確認表には答えなかったが、本人に視力確認表を渡すと自分の膝の上に置き何が書いてあるかを答えた	●正面に置いた視力確認表での確認が原則だが、状況に合わせて判断する
●認知症があり、1m離した視力確認表を見ても何かを答えられないが、確認表を手元に置けば図を指でなぞる	●見たものについての理解力は問わない。身振りでも見えていると判断できればその状況で選択する

● 認知症で指示が通らず視力確認表での確認はできない。家族の話ではどのくらい見えているか判断がつかないが食事は配膳すれば自分で食べているとのこと	● 食事を自分で食べている状況から判断し、判断理由を特記事項に記載する。「見えているのか判断不能」には該当しない

④ ほとんど見えない

ケース	選択理由
● 明暗しかわからず、視力での身障者手帳を所持している	● 見えないことが明らかな場合は、対象者への配慮からあえて視力確認表で確認する必要はない
● 両眼に義眼を使用している	● 同上

⑤ 見えているのか判断不能

ケース	選択理由
● 意思疎通ができないために見えているか判断できないが、物や人を目で追いかける行為はときどきある	● 見えていることが確認できない場合は判断不能とする
● 視力確認表では答えず、日頃家族が声をかけると返答はするが顔を声のほうに向けることはしない。専門医の診察では検査上異常は見られないとの診断である	● 判断できない場合はその状態を特記事項に記載する
● 視力確認表を見せると「絵が描いてある」と返答し、認知症があり意思疎通はできない	● 視力確認表を用いた選択ができない場合は、日頃の状況を聞き取り判断するが、それでも判断できない場合は「判断不能」と評価する

1-13 聴力（能力）

調査項目の定義

「聴力」（能力）を評価する項目です。

ここでいう「聴力」とは、聞こえるかどうかの能力で、認定調査員が実際に確認して評価します。

選択肢の選択基準

1 普通

● 日常生活における会話において支障がなく、普通に聞き取れる場合をいう。

2 普通の声がやっと聞き取れる

● 普通の声で話すと聞き取りにくく、聞き間違えたりする場合をいう。

3 かなり大きな声なら何とか聞き取れる

● 耳元で大きな声で話したり、耳元で大きな物音を立てると何とか聞こえる、あるいは、かなり大きな声や音でないと聞こえない場合をいう。

4 ほとんど聞こえない

● ほとんど聞こえないことが確認できる場合をいう。

5 聞こえているのか判断不能

● 認知症等で意思疎通ができず、聞こえているのか判断できない場合をいう。

選択の際の留意点

● 補聴器を日常的に使用している場合は、使用した状態で判断します。
● 聞いた内容を理解しているかどうかは問いません。

●聞こえているかの判断は、会話のみではなく身振り等を含めて行います。

ポイント
●「普通」以外の選択をした場合は、その具体的な状況を特記事項に記載します。

1 普通	
ケース	選択理由
●失語症があり話すことはできない。調査の際は話しかけてもこちらを見るだけで返答することはなかった。施設職員の話では、日頃普通の声で話しかけると振り向いたり、笑顔をつくるとのこと	●対象者の日頃の状況から判断する
●施設入所中。認知症がありベッド上生活で日頃会話は成り立たない。しかし職員が顔を近づけて話しかけると職員のほうを向いて頷いたり首を振ったりする	●内容を理解しているかは問わない。話しかけに対する反応で判断する

2 普通の声がやっと聞き取れる	
ケース	選択理由
●認知症あり。普通の声で話しかけても反応がないが、少し大きな声で話すとオウム返しに同じことを言う	●普通の声では聞き取れないが、少し大きめな声だと聞き取れる場合は該当する
●普通の大きさの声に時々聞き返しがある。補聴器を使えば聞き取れるが、嫌がって日常的には使っていない	●補聴器を日常的に使っていない場合は使用しない状態で評価する
●会話の途中で聞き返しがあるが、普通の声でハッキリ話すと聞き取れる	●普通の声で話したことに対して聞き返しがあり、意識的にはっきりと話す必要がある場合はこの選択となる

❸ かなり大きな声なら何とか聞き取れる

ケース	選択理由
● 寝たきりで、普通の声で話しかけても反応がなく、耳元に寄って大声で話しかけると表情に変化が見られ、頷いたり首を振ったりする	● 表情や身振り等も含めて判断する
● 調査時は補聴器を使用し普通の声がやっと聞き取れたが、普段は煩わしくて補聴器を使っていない。そのため電話の呼び出し音が聞こえず、電話を玄関から自室に移してようやく呼び出し音が聞こえるようになった	● 補聴器を日常的に使っていない場合は、使っていない状態で評価する
● 意識障害があり意思疎通ができないが、近くで大きな音がすると驚いて身体をビクッとさせる	● 音に対する反応があれば、その状況で評価する
● 調査の際は調査員の普通の声が何とか聞き取れたが、家族によれば日頃かなり大きな声で話さないと聞こえず、今日はいつもより聞こえていると驚いている	● 能力項目のため、調査の際の状況と日頃の状況が違う場合はより頻回な状況で選択する

❹ ほとんど聞こえない

ケース	選択理由
● 日頃から耳元で大きな声で話すと簡単なことは聞き取れるが、細かいことは聞き取れない。そのため詳しいことは筆談で伝えている。調査は質問が聞き取れず筆談で行った	● 日頃の頻度での選択が難しい場合は、調査時の状況で選択する

●調査員が耳元に寄って大声で質問しても聞き取れない。介護者の声は比較的聞き取れているとのことで代わってもらうが、介護者の声も部分的にしか聞き取れなかった	●日頃の状況が確認できない場合は、調査時の状況で選択する

5 聞こえているのか判断不能

ケース	選択理由
●脳梗塞後遺症で寝たきり、失語症があり意思疎通できない。介護者が対象者の目の前で話しかけると目をパチパチさせるときがある	●対象者が声に反応しているのか判断できない
●施設入所中。認知症があり、ベッド上生活で会話はできない。職員が話しかけると相手の顔をじっと見るが、話の途中で視線をそらし独り言を言い始める	●聞こえているか判断できない

生活機能
［介助の方法、能力、有無で評価する項目］

この群は、ADL機能や生活行動に関する項目群です。おもに介助の方法で評価しますが、「2-3 えん下」は能力、「2-12 外出頻度」は個別に定める選択基準に基づき選択します。

■ 調査の際のポイント

- 入退院等で一定期間内に介助の方法が変わった場合は頻度での選択ではなく、現在行われている介助の方法で選択し、選択理由と実際の状況を特記事項に記載します。
- 時間帯や場所によって介助の方法が異なる場合は、より頻回な介助の方法で選択します。
- 施設入所や入院の場合は、対象者にその能力があっても介助が行われている場合があります。この場合は能力があることをもって不適切とするのではなく、生活環境や置かれている状況を総合的に考えて判断します。

■ 選択のポイント

- 項目ごとに聞き取りを行い、一定期間（調査日よりおおむね過去1週間以内）に実際発生している行為を特定し、それらの行為に対して介助が行われているか、行われている場合その介助行為が定義に該当しているか、該当していればその頻度で判断します。

〈例〉 食事の際に、①調理、②配膳、③おかずを切り分ける、④食事を口に運ぶ、⑤食器の片付け、⑥食べこぼしの始末、の行為が毎回発生し、④以外のすべてに介助が行われている場合、食事摂取で定義される介助の方法に該当するのは、③行為のみです。このことから、③の介助の方法と頻度を評価し、「一部介助」を選択することになります。

- 排尿や食事等毎日複数回行われる行為の場合は、週の中での介助の方法が大きく異なる

ことがなければ、1日における介助の方法と頻度で評価します。たとえば、排尿行為で便器を汚染するため、家族が週3～4回拭いている状況等は頻回な状況とは評価しません。

■ 特記事項記載のポイント

認定審査会では、具体的な介護の手間の多少を特記事項から評価することとなっているために、介助の方法における特記事項の記載内容は、評価上の重要なポイントとなります。

- 頻度から「介助されていない」を選択する場合でも、実際に何らかの介助の手間が発生している場合は介護の手間と頻度を記載します。
- 項目の定義に含まれない場合でも、実際に介助の手間が発生している場合（例えば「移動」では外出行為は定義に含まれないが、外出の際は介助が行われている等）、その具体的な介護の手間と頻度を記載します。
- 介護の手間がかかっていてもそれに該当する項目がない場合は、関連する項目の特記事項にその介護状況を記載します。
- 見守りに含まれる声がけは、その行為中の場合は該当しますが、行為前の促しは該当しません。どのタイミングでの声がけか記載が必要です。

■ 介助の方法における見守りに該当する行為

項目によって見守りに該当する行為に違いがあるため、下表を参考にしてください。

表1 ●介助の方法における見守りに該当する行為

項目	行為①	行為②
洗身	洗身に対し常時の付き添いがあり指示、声がけ、確認が行われている	―
つめ切り	つめ切りに対し常時の付き添いがあり指示、声がけ、確認が行われている	常時の付き添いはないが、つめ切り後にキチンと切れているか確認が行われている
移乗	移乗の際、転倒の危険があるために常時の付き添いの必要があり、見守りが行われている	認知症高齢者等の場合に、常時の付き添いはないが、移乗のための指示、声がけ、確認が行われている

項目	行為①	行為②
移動	移動の際転倒等の危険があるために常時の付き添いの必要があり、見守りが行われている	認知症高齢者等の場合に、常時の付き添いはないが、目的の場所に行くための指示、声がけ、確認が行われている。または常時の付き添いに抵抗があるために、やむを得ず離れて目的の場所に行くための指示、声がけ、確認が行われている
食事摂取	食事摂取に対し常時の付き添いの必要があり、必要に応じて介助ができるよう見守りが行われている	常時の付き添いはないが、食事中の状況確認や指示、声がけが行われている。または皿の置き換えが行われている
排尿排便	排尿、排便に対し常時の付き添いの必要があり、見守り、確認、指示、声がけが行われている	常時の付き添いはないが、認知症高齢者等の場合に、トイレに行くタイミングを自分で判断できないために指示、声がけ、誘導が行われている
口腔清潔	口腔清潔に対し常時の付き添いがあり、指示、声がけ、確認が行われている	常時の付き添いはないが、歯磨きや義歯洗浄中の確認や声がけ、または磨き残しがないか確認が行われている
洗顔	洗顔に対し常時の付き添いがあり、指示、声がけ、確認が行われている	―
整髪	整髪に対し常時の付き添いがあり、指示、声がけ、確認が行われている	―
上衣・ズボンの着脱	着脱に対し常時の付き添いの必要があり、指示、声がけ、確認が行われている	常時の付き添いはないが、認知症高齢者等の場合に、着脱中の状況確認や指示、声がけが行われている。または、着脱後にきちんとできているか確認が行われている
薬の内服	薬の内服の際常時の付き添いがあり、指示、声がけ、確認が行われている	―
買い物	買い物に必要な行為に対し常時の付き添いがあり、指示、声がけ、確認が行われている	―

項目	行為①	行為②
簡単な調理	簡単な調理の際常時の付き添いがあり、指示、声がけ、確認が行われている	―

■ 介助の方法における行為自体が発生しない場合の考え方

対象者に項目に該当する行為自体が発生しない場合の選択は下表のようになります。

表2　●介助の方法における「行為自体が発生しない場合の選択」

	発生しない状況	選択方法
移乗	寝たきり等で移乗の機会がまったくない場合	調査項目の定義に規定されるような行為が生じた場合を想定し、適切な介助の方法を選択
移動	寝たきり等で移動の機会がまったくない場合	調査項目の定義に規定されるような行為が生じた場合を想定し、適切な介助の方法を選択
排尿	人工透析等で、排尿がまったくない場合	「介助されていない」を選択
洗顔	洗顔の習慣がない場合	入浴後やベッド上でタオル等で顔を拭く等の類似行為で代替え評価する
整髪	頭髪がない、短髪で整髪の必要がない場合	対象者の身体状況と介助の必要性で判断
ズボンの着脱	日頃ズボンをはかない場合	パンツやオムツの着脱行為で代替え評価する
洗身	入浴していない場合	「行っていない」を選択
つめ切り	四肢の欠損等で爪がない場合	四肢の清拭等の状況で代替え評価する
薬の内服	薬が処方されていない場合	処方された場合を想定し、適切な介助の方法を選択する

2-1 移乗（介助の方法）

調査項目の定義

「移乗」の介助が行われているかどうかを評価する項目です。

　ここでいう「移乗」とは、「ベッドから車椅子（椅子）へ」「車椅子から椅子へ」「ベッドからポータブルトイレへ」「車椅子（椅子）からポータブルトイレへ」「畳から椅子へ」「畳からポータブルトイレへ」「ベッドからストレッチャーへ」等、臀部を移動させ、椅子等へ乗り移ることです。清拭・褥瘡予防等を目的とした体位交換、シーツ交換の際に臀部を動かす行為も移乗に含まれます。

移乗についての考え方

　認定調査員テキストに記載された移乗の定義は、「臀部を移動させ、椅子等に乗り移ること」となっており、例としてあげているのはすべて「座っている状態から別の物に座りなおす」いわば「直接移乗」の例です。

　このほかに、軽度者に多く見られる例として「座った状態から立ち上がり、歩いて移動し、椅子等に座る」いわば「間接移乗」があります。

　認定調査員の現任研修等ではこの間接移乗を移乗行為としない旨の説明がされる場合があります。その場合、軽度者は日頃移乗行為が発生しないと評価されることになります。

　しかし認定調査員テキストにおける「調査対象者に移乗行為自体が発生しない場合」とは、寝たきり状態にあって移乗行為の機会がまったくない場合を想定しているのであり、軽度者の間接移乗を含むものではないと考えます。

　仮に間接移乗を移乗と見なさない場合、調査員テキストでは〝移乗行為がまったく発生しない場合には、行為が発生した場合を想定して適切な介助の方法を選択する〟こととなっています。

　実際の調査で「移乗、移動が不安定なために歩行器を使って見守り介助を受けて移動し、立ったり座ったりする際は一部介助を受けている」場合、移乗行為が発生した場合を想定しても実際に行われている介助の方法である「一部介助」となるのが妥当です。

　　また、日頃は直接移乗の行為が発生しない場合でも、受診した際などに車椅子から椅子に座るなどの移乗行為があり、その行為を評価するという考えもあります。しかし、一定期間の状況においてより頻回に見られる状況とはいえず、このような場面での評価・選択は適切とはいえません。

　　これらのことから、移乗は直接移乗だけではなく間接移乗も含めて評価・選択することが適当であると考え、本書では「座った状態から立ち上がり、歩いて移動し、椅子等に座る」行為も移乗として扱っています。

選択肢の選択基準

1 介助されていない

- 「移乗」の介助が行われていない場合をいう。

2 見守り等

- 「移乗」の介助は行われていないが、「見守り等」が行われている場合をいう。
- ここでいう「見守り等」とは、常時の付き添いの必要がある「見守り」や、認知症高齢者等の場合に必要な行為の「確認」「指示」「声がけ」等のことである。
- ベッドから車椅子に移乗する際、介護者が本人の身体に直接ふれず、安全に乗り移れるよう、動作に併せて車椅子をお尻の下に差し入れている場合は「2.見守り等」を選択する。

3 一部介助

- 自力では移乗ができないために、介護者が手を添える、身体を支える等の「移乗」の行為の一部に介助が行われている場合をいう。

4 全介助

- 自分では移乗ができないために、介護者が抱える、運ぶ等の「移乗」の介助のすべてが行われている場合をいう。

選択の際の留意点

- 義足や装具、歩行器等の準備は介助に含みません。
- 畳中心の生活で椅子等を使用していない場合に、両手をついて腰を浮かせる行為自体だけでは該当しません。
- 寝たきり等で、体位交換を含む移乗行為自体がまったく発生しない場合は、行為が発生した場合を想定して適切な介助の方法を選択し、特記事項に具体的な状況を記載します。

ポイント

- 移乗はADLの基本動作ですから「介助されていない」を選択した場合でも、何らかの介護の手間が発生している場合は特記事項に具体的な状況を記載します。
- 1-8立ち上がりで「1.つかまらないでできる」を選択しているにもかかわらず、移乗で「3.一部介助」または「4.全介助」を選択した場合は整合性の説明が必要です。

1 介助されていない	
ケース	選択理由
● 日頃移乗に援助はない。しかし2年前に転倒しており家族は心配で遠くから見ている	● 離れての見守りは見守りに該当しない
● 独居で、膝痛のために床から立ち上がる際はつかまる物があるところまで這って行く必要がある。つかまって立ってしまえば杖を支えにして移動し、椅子や便器に座る際も身近なものにつかまれば転倒することなく1人でできる	● 日頃直接移乗の機会がないケースで、椅子等への間接移乗行為には介助は行われていないことから選択する。這って行く行為は移動の項目で評価し、状況を特記事項に記載する
● 下肢筋力低下のため畳からの立ち上がりが困難で、その際は引き上げ介助を受けている。畳に座るのは仏壇の前に座る朝夕のみで、それ以外は椅子やベッドのため、立ち座りは介助なくできている	● 畳から立ち上がり椅子等に座る行為は移乗行為だが、この場合は頻度から選択する

- 現在入院中でベッド中心の生活。離床機会は歩行器を使用してトイレに行く場合が最も多く、その際は見守りされていない。週2回の入浴の際のみベッドから車椅子に移乗するが、その際は見守りされている

- 直接移乗の際は見守りされているが、間接移乗の際は見守りされていないケース。どちらも移乗行為と評価し、頻度から選択する

2 見守り等

ケース	選択理由
● 施設入所中で、対象者が車椅子からテーブル椅子等に座る際、施設職員が毎回椅子を引いたり押し入れる介助をしている	● 身体に直接ふれない介助は見守りに該当する
● 現在入院中で、車椅子はベッドから離れたところに置いてあるため、車椅子に移乗する際は毎回看護師が車椅子をベッド脇に運び、付き添って見守りしている	● 移乗のために車椅子を準備する行為は介助に当たらない。この場合付き添っての見守りが介助に該当する
● 全盲のため、移乗の際はいつも介護者が対象者の手をとって移乗先のベッドや椅子にさわらせる介助をしている。さわることで自分で移乗できているが見守りされている	● 手をとる介助が行われているが、移乗は自分でしていることから見守りに該当する

3 一部介助

ケース	選択理由
● 日頃自宅内は歩行器で移動し椅子等に座る生活で直接の移乗行為はない。日頃便器に座ったり立ち上がる際等は腕を支える介助がされている	● 日頃直接移乗の機会がない場合は、椅子や便器に座る、そこから立ち上がる行為を移乗行為として評価し、その介助方法と頻度で選択する

ケース	選択理由
●認知症があり失行状態である。トイレや食堂に手引き誘導してもどうしたらよいのかわからず便器や椅子の前で立ちつくすため、毎回声がけしながら腰をもって座らせる必要がある	●自発的には移乗行為ができないために、手を添えて移乗の促しが行われている場合は「一部介助」に該当する
●2週間前から点滴治療中でベッド上生活。離床の機会はなく、体位交換の際は自分で身体の向きを変えるが、看護師からお尻の位置を直してもらっている	●一般的な移乗機会がない場合、ベッド上で臀部（でんぶ）を動かす行為を移乗行為とし、その行為に介助が行われている場合はその介助法と頻度から選択する
●つかまれば何とか自分で立位保持でき、移乗の際は腰の引き上げと支える介助を受けている	●自分で立位保持できる場合の介助は「一部介助」となる。下肢に荷重できない、つかまっても立位保持できない場合などは「抱きかかえ」として全介助となる

4 全介助

ケース	選択理由
●寝たきりで移乗の機会はない。自分では寝返りできず、体位交換の際は毎回看護師が腰を持ち上げて身体を移動し向きを変えている	●一般的な移乗機会がない場合、ベッド上で臀部を動かす行為を移乗行為とする。その行為に対する介助の方法で選択する
●ベッドからストレッチャーに移る際は、体重が重いために移乗ボードを使って施設職員2人で平行移動している	●移乗行為が全介助されている。2人介助が必要な状況を特記事項に記載する
●現在施設入所中で経管栄養が行われている。ベッド上生活で昼の経管栄養の際のみ2人介助で抱きかかえて車椅子に乗車し食堂に移動している。褥瘡（じょくそう）になりやすいためにベッド上では2時間ごとに全介助で体位交換が行われている	●選択理由のみでなく、2人介助や2時間ごとの体位交換など、通常の介助より手間がかかっていることを特記事項に記載する

2-2 移動（介助の方法）

調査項目の定義

「移動」の介助が行われているかどうかを評価する項目です。

ここでいう「移動」とは、「日常生活」において、食事や排泄、入浴等で、必要な場所への移動にあたって、見守りや介助が行われているかどうかで選択します。

選択肢の選択基準

1 介助されていない

● 「移動」の介助が行われていない場合をいう。

2 見守り等

● 「移動」の介助は行われていないが、「見守り等」が行われている場合をいう。
● ここでいう「見守り等」とは、常時の付き添いの必要がある「見守り」や、認知症高齢者等の場合に必要な行為の「確認」「指示」「声がけ」等のことである。

3 一部介助

● 自力では、必要な場所への「移動」ができないために、介護者が手を添える、体幹を支える、段差で車椅子を押す等の「移動」の行為の一部に介助が行われている場合をいう。

4 全介助

● 自力では、必要な場所への「移動」ができないために、「移動」の行為のすべてに介助が行われている場合をいう。

選択の際の留意点

- 移動の手段は問いません。
- 外出行為は含みませんが、外出頻度が多い場合は特記事項に状況を記載します。
- 移動機会がない場合は、移動行為が生じたことを想定して適切な介助の方法を選択します。

ポイント

- 認知症などがあり、歩行は「つかまらないでできる」を選択している場合でも、目的の場所に行けないために介助が行われている場合はその介助の方法で選択し、状況を特記事項に記載します。
- 介助の方法は移動する距離ではなく頻度で評価します。
  自室にいる時間が長い方の場合、自室内での介助の方法で選択します。

1 介助されていない	
ケース	選択理由
●膝痛があり歩行不安定。洋式トイレが2階にしかないため毎回階段を昇降する。階段を上る音に気付いたときは妻が心配して近くまで見に行っている	●近くまで見に行く行為だけでは見守りには該当しない。常時付き添い、危険なときにはすぐ介助できる体制にある場合が見守りに該当する
●自宅内は杖歩行で、トイレに行く際等は家族が離れたところから見守りしている	●常時の付き添いがない場合は見守りに該当しない
●自宅内は介助なく杖歩行しているが、週3回の人工透析に行く際は玄関から車まで腕を抱える介助がされ、院内は車椅子を押す介助がされている	●原則として外出行為は移動に含まれない。また介助の方法については頻度から判断する
●施設入所中で食事以外は自室で過ごしている。自室内でのトイレ移動等に援助はないが、食堂への往復はふらつきがあるため毎回職員が付き添い見守りしている	●日頃の移動の頻度とその介助の方法で選択する

100

●日中は独居で移動は介助されていない。パーキンソン病があり朝方は体が動かず、移乗移動は身体が動くようになってからするようにしている。身体が動かない夜間はトイレに這って行くこともある	●症状の日内変動があるケースで、現在の状況を不適切と判断しない選択例。現在の状況を不適切とするかは夜間の状況しだいと思われる
●移動の際は歩行器使用だが歩行器を忘れてしまうことが毎回のようにあり、声がけや歩行器を側まで持っていく対応が必要	●歩行器の準備は見守りに該当しない。歩行器を使っての移動に対する介助の方法で選択する

② 見守り等

ケース	選択理由
●施設入所中で、認知症があり目的の場所に行けないため毎回職員から行き方の声がけと指示が行われている。ときには手引き誘導が必要な場合がある	●常時の付き添いがない場合でも、認知症高齢者等に対して目的の場所に行くための指示、声がけがされている場合は見守りに該当する
●施設入所中で、帰宅願望から施設内を歩き回るため職員がいつも付き添っている	●常時付き添いのある見守りが行われていると判断する
●歩行不安定だが、介護者が側で付き添うと「監視されているようだ」と不機嫌になるために、介護者は少し離れたところから常時見守りしている	●すぐ側での付き添いがない場合でも、付き添いに準じた状況の場合は見守りに該当する。状況を特記事項に記載する
●現在入院中で点滴をしている。トイレ等への移動の際は歩行器を使用しており、その際は毎回看護師に点滴スタンドを押す介助を受けている	●移動の際、常時の付き添いが行われていると評価し選択する。実際の状況を特記事項に記載する

③ 一部介助

ケース	選択理由
● 車椅子使用で、直線や平らなところは自力で車椅子を駆動するが、段差があるところやコーナーを回る際は毎回車椅子を押す介助を受けている	● 車椅子を自走している場合でも、段差や狭い所で日常的に介助されている場合は「一部介助」となる
● 脳梗塞後遺症で左片麻痺があるが、歩行は４点杖を使用し何とか自立。自宅内は和室で、日頃茶の間で過ごし、茶の間からトイレや自室に行く際はその都度家族が障子戸やふすまを開け閉めする介助を行っている	● 身体介助は行われていないが、移動時の戸の開け閉め介助は、車椅子を段差のところでのみ介助するのと同様と考え、またその頻度から「一部介助」を選択する
● 独居で中途失明者。週２回家事援助で訪問介護を利用している。ヘルパーがいる間はヘルパーが手を添えて伝い歩きしているが、１人のときは這って移動しており、方向がわからなくなりトイレに間に合わず失禁してしまうことがたびたびある	● 這って移動し、失禁がたびたびある状況は介護者不在による不適切な状態と判断し、身体状況から適切な援助方法として「一部介助」を選択する
● 腰曲りのある妻との２人暮らしで、廊下に手すりがないために対象者は毎回妻のうしろに立ち、妻の両肩につかまって歩いている	● 介護者が肩を貸す行為は、介護者が身体を支える介助と同様として一部介助を選択する

④ 全介助

ケース	選択理由
● 寝たきりで、１か月前に外来受診して以降、移動の機会はない。その際は車椅子乗車し全介助されており、現在も身体状況に変わりはない	● 一定期間内に移動機会がない場合は移動機会が生じたことを想定して選択する

●在宅でベッド上生活。週3回デイサービスを利用している。在宅での移動機会は1日1回脇支え介助で気分転換に茶の間に行くのみで、食事はベッド端座位で食べ、排泄はポータブル便器を使用する。デイサービスでの移動は車椅子を押す介助がされている	●移動機会の頻度とその介助の方法で選択する。自宅よりもデイサービスでの移動機会が多いと判断し、その介助の方法で選択する
●リウマチ性多発筋痛症があり、下肢痛のために自宅内は這って移動している。息子と2人暮らしで、対象者は迷惑をかけまいと援助を受けていないが、這っての移動はつらいと感じている。受診の際は院内を車椅子を押してもらい移動している	●現在の移動状況は不適切と判断し、身体状況から適切な介助の方法として車椅子使用が最善と考え、「全介助」を選択する
●2週間前に心疾患で入院し、ベッド上安静の指示があり入浴もしていない。看護師の話では、状態は安定しており、能力的には「一部介助」で歩けると思われるとのこと	●医学的な理由から移動が禁止されている場合は、能力ではなく移動行為が生じたことを想定して適切な介助の方法で選択する。この場合、心負荷にならない移動方法が適切として「全介助」を選択する

「えん下」の能力を評価する項目です。

ここでいう「えん下」とは、食物を経口より摂取する際の「えん下」（飲み込むこと）の能力です。

能力の項目ですが、必ずしも試行する必要はありません。頻回に見られる状況や日頃の状況について、調査対象者や介護者からの聞き取りで選択します。

選択肢の選択基準

1 できる

● えん下することに問題がなく、自然に飲み込める場合をいう。

2 見守り等

● 「できる」「できない」のいずれにも含まれない場合をいう。必ずしも見守りが行われている必要はない。

3 できない

● えん下ができない場合、または誤えん（飲み込みが上手にできず肺等に食物等が落ち込む状態）の恐れがあるため経管栄養（胃ろうを含む）や中心静脈栄養（IVH）等が行われている場合をいう。

選択の際の留意点

● 食べ物を経口摂取する際の飲み込む能力で、咀嚼（そしゃく）や口腔内の状況を評価するものではありません。なお、水分や汁物であっても日頃から摂取しているものであればここでは「食べ物」として扱い評価しています。

● 食事形態やトロミ剤を使用することによって飲み込みに支障がなくなった場合は、現在

の状況で選択します。

- 能力項目であり、「見守り」の選択肢は"できる・できないいずれにも含まれない場合"が該当し、実際に見守りが行われているかは含まれません。

ポイント

- 能力項目ですから、特記事項は「できる」「できない」の記載となります。
- 誤えんの心配があり見守り等が行われている場合の特記事項は、見守りの必要があることを記載したうえで「できる・できないいずれにも含まれない状態」と記載します。

■ できる	
ケース	選択理由
● かき込んで食べるためにむせることが多い。落ち着いて食べるように促せばむせることなく食べられる	● 一般的な食べ方での飲み込む能力を評価する
● むせりなく飲み込みできるが、認知症があり食事に集中しないために見守りされている	● えん下に問題はなく、食事に対しての介助が行われている状態。えん下の見守りには該当しない
● 施設入所中で、常食ではむせりがあったが、食事形態を飲み込みやすいものに変えてからはむせりはない	● 食事形態、トロミ剤使用等で飲み込みに支障がなくなった場合は、その状況で選択する
● 入院中で、数日前嘔吐があり現在禁飲食となり点滴中である。嘔吐する前はむせりなく食べられていた	● 能力項目のため、現在えん下の機会がなくても一定期間での状況で判断する
● 時おり、むせりがあるため見守りを行っている	●「時おりむせる」の場合は頻度から「できる」を選択する

PART
2

第
2
群

生活機能 ― 2-3 ― えん下（能力）

2 見守り等	
ケース	選択理由
● むせりやすく、誤えん性肺炎の既往もある。主治医から家族に「食事の際は側で声がけ見守りして」と指導があり、現在トロミ剤使用と見守りがされている	● 誤えん性肺炎を起こす可能性が高く、見守りが必要な状況はできる・できないのいずれにも該当しない。なお、見守りされていることが判断基準ではない
● 水分でむせりやすく、毎回汁物でむせっている。食事も飲み込むのに時間がかかっている	● 飲み込む物の形態でえん下状態が異なる場合は頻度から選択する。また、この場合は自然に飲み込めているとはいえない
● 経管栄養が行われているが、えん下機能が改善し、ゼリーなどの飲み込みやすいものは食べて可と主治医から許可がある	● 経管栄養中であっても、主治医から許可がある場合は、その飲み込み状態で評価する
● 飲み込みがスムーズにできず口の中にため込み、毎回飲み込みを促す必要がある	● 自然に飲み込んでいる状態ではないことから、見守りと評価する

3 できない	
ケース	選択理由
● 誤えん性肺炎により入院中で、現在経口からの飲み込みが禁じられており点滴中である	● 誤えんの可能性があり、経口からの食事摂取が禁止されている場合は「できない」と評価する
● 脳梗塞でえん下に支障があり胃ろうからの経管栄養中。現在えん下訓練中で、訓練時のみ経口摂取が許可されている	● 経管栄養が行われており、医師から訓練以外の経口摂取の許可がない場合は「できない」と判断する

注意!

調査に際しては、飲み込めない、むせる等の頻度を細かく聞き取る必要はなく、「ときどきむせることがある」「食事のたびにむせる」「ほとんど飲み込めない」等、飲み込む状態がわかればよい。そのうえで選択し、選択理由を特記事項に記載します。

2-4 食事摂取（介助の方法）

調査項目の定義

「食事摂取」の介助が行われているかどうかを評価する項目です。

ここでいう「食事摂取」とは、食物を摂取する一連の行為のことで、通常の経口摂取の場合は、配膳後の食器から口に入れるまでの行為のことです。また、食事摂取の介助には、経管栄養の際の注入行為や中心静脈栄養も含まれます。

選択肢の選択基準

1 介助されていない

● 「食事摂取」の介助が行われていない場合をいう。

2 見守り等

● 「食事摂取」の介助は行われていないが、「見守り等」が行われている場合をいう。
● ここでいう「見守り等」とは、常時の付き添いの必要がある「見守り」や、行為の「確認」「指示」「声がけ」「皿の置き換え」等のことである。

3 一部介助

● 「食事摂取」の行為の一部のみに介助が行われている場合をいう。食卓で小さく切る、ほぐす、皮をむく、魚の骨をとる等、食べやすくするための介助や、スプーン等に食べ物を乗せる介助が行われている場合も含む。
● ただし、この「一部」については、時間の長短は問わない。
● また、1回ごとの食事における一連の行為中の「一部」のことであり、朝昼夜等の時間帯や体調等によって介助の方法が異なる場合は、後述の「選択の際の留意点」にしたがって選択する。

4 全介助

● 「食事摂取」の介助のすべてが行われている場合をいう。

選択の際の留意点

- 1回ごとの食事に対する援助方法とその頻度で選択します。
- 通常の経口摂取は配膳された状態から食べ物を口に入れるまでを「食事摂取」としますが、口の中にため込む、口角からこぼれるなどで介助が必要な場合も該当します。
- 調理、配膳、あと片付け、食べこぼしの掃除は含まれません。エプロンをかける、椅子に座らせる行為も含まれません。
- 食事回数や食事時間、食べる量等「食事が適切にとれているかどうか」は選択基準に含まれません。

ポイント

- 慌てて食べる、口の中にため込むことに対しての食事行為中の声がけなども介助に含まれます。
- 末梢静脈を使った点滴を食事と見なすかどうかは各保険者に確認することを勧めます。なお、中心静脈栄養と末梢静脈栄養の大きな違いは長期目的か短期目的かであり、いずれも栄養目的のため本書ではどちらも食事として扱っています。

1 介助されていない	
ケース	選択理由
●口に運ぶ行為は問題ないが、飲み込みが上手くできないために毎回飲み込みに対して、見守り声がけされている	●この場合は食事摂取の見守りではなくえん下の見守りに該当する
●視力障害でほとんど見えない。配膳の際介助者が皿の位置を教えたり、手を添えて皿にふれさせたりしているが、それ以降は1人で食べている	●食事行為前の声がけ等は見守りに該当しない
●片麻痺があるため家族がおにぎりを握り、対象者はそれを手づかみで食べている。食後に家族が手を拭く介助をしている	●食べやすいように介助が行われている場合であっても、配膳前と食後の介助は該当しない。特記事項に状況を記載する

ケース	選択理由
● 調理後に魚の骨を取ってから盛り付けし配膳している	● 配膳前の介助は該当しない
● 家族と一緒に食事しており、毎回大皿から取り分ける介助を受ける。取り分けてもらえば自分で食べることができる	● 単に取り分ける行為は介助に該当しない。取り分けたあとに食べやすくする介助が行われている場合には「一部介助」に該当する
● 入院中で、配膳のたびにご飯と味噌汁の食器のふたを取る介助を受けている。食事中に見守りや介助はされていない	● ふたを取り、食べられる状態になった状態を「配膳された」と判断する。この場合は配膳前の介助のため該当しない

② 見守り等

ケース	選択理由
● 食べこぼしがあるため毎回付き添って口への運び方や食べ方を指示している	● 食事摂取のために常時の付き添いのある見守りが行われている場合は該当する
● 施設入所中で、食事摂取に問題はないが、他の入所者の食事まで食べようとするため毎回見守りされている	● 食事摂取に際し、不適切な行動があるために見守り介助が行われている場合は該当する
● 食事は介助なしに摂取できるが、糖尿病があるために毎回多食にならないように見守り、指示、声がけされている。見守りをしないと、あるものを全部食べてしまう	● 不適切な行動があるため見守りが必要な場合は該当する
● 施設入所中で、誤えんの既往があり毎回施設職員の側で食事している。常時の見守りはないが食事中の確認や声がけがされている	● 常時の見守りが行われていない場合であっても、行為中に随時確認や声がけが行われている場合は見守りに該当する
● 食事摂取自体に介助はないが、麻痺があり口角から汁が垂れるのに気付かないために、介護者がいつも付き添って拭き取る介助をしている	● 食事摂取の一連の行為に対する介助ではないが、常時付き添っての援助が行われている場合は見守りに該当する

●手前の皿だけを1点食いするので、家族が何度か皿の置き換えをして全部食べるようにしている	●食事中の皿の置き換えは見守りに該当する

③ 一部介助

ケース	選択理由
●配膳後に家族が対象者用におかずを取り分け、それを小さく切り分けをしている	●単なる取り分けは該当しないが、取り分けたあとに食べやすくするための介助は一部介助に該当する
●ご飯の上におかずを載せないと食事が進まないために毎回配膳後におかずを載せる介助がされている	●食べやすくするための行為は該当する
●視力不良で見えないため、家族が一品ずつ食器を手渡し、それを対象者が自分でスプーンを使って食べている	●配膳後に食事摂取に対する介助が行われている場合は該当する
●配膳後自分で食べ始めるが最後のほうになると進まなくなり、毎回残りの部分を口に運ぶ介助がされている	●行為の一部が介助されている状態で、介助される時間の長短は問わない
●自分でスプーンを使い、すくって口に運ぶがうまく口に入れられないために、口に入れる際のみ対象者の手に介護者が手を添えて口に入れる介助をしている	●食器からすくって口に運ぶ介助は全介助だが、この場合は行為の一部に対する介助が行われていると評価する
●認知症による失行があり、茶碗と箸を持たせないと食べようとしない。また途中で食事に集中できなくなるため介助者が促している	●茶碗と箸を持たせる行為は一部介助に該当する

4 全介助	
ケース	選択理由
●経管栄養3回食がすべて看護師によって注入されている	●経管栄養が介助で行われている場合は全介助を選択する
●現在入院中で、食事は毎回提供されているが食欲がなくてまったく手を付けないために、栄養製剤の点滴が行われている	●点滴を食事とみなし、実際に行われている介助の方法で選択する
●消化器疾患で手術し、現在中心静脈栄養が行われている。数日前から経口摂取が開始となり、重湯を自力で食べている	●摂取カロリーから、中心静脈栄養を食事とみなし、その介助の方法で選択する
●現在入院中で看護師によって経管栄養が1日3回行われている。痰がらみが多く、経管栄養の前と終了2時間後に毎回痰を吸引する必要がある。それ以外でも吸引が行われており、夜間を含めて1日8回以上痰の吸引が行われている	●経管栄養において全介助を選択する。このケースは通常の経管栄養よりも介護の手間がかかっていることを記載した例

2-5 排尿（介助の方法）

調査項目の定義

　「排尿」の介助が行われているかどうかを評価する項目です。

　ここでいう「排尿」とは、「排尿動作（ズボン・パンツの上げ下げ、トイレ、尿器への排尿）」「陰部の清拭」「トイレの水洗」「トイレやポータブルトイレ、尿器等の排尿後の掃除、あと始末」「オムツ、リハビリパンツ、尿取りパッドの交換」「抜去したカテーテルのあと始末」の一連の行為のことです。

選択肢の選択基準

1 介助されていない

- ●「排尿」の介助が行われていない場合をいう。

2 見守り等

- ●「排尿」の介助は行われていないが、「見守り等」が行われている場合をいう。
- ●ここでいう「見守り等」とは、常時の付き添いの必要がある「見守り」「確認」「指示」「声がけ」や、認知症高齢者等をトイレ等へ誘導するために必要な「確認」「指示」「声がけ」等のことである。

3 一部介助

- ●「排尿」の一連の行為に部分的に介助が行われている場合をいう。

4 全介助

- ●調査対象者の「排尿」の介助のすべてが行われている場合をいう。

選択の際の留意点

- 便器・ポータブル便器・尿器・トイレの床などの排尿後の掃除や拭き取りは介助に含まれますが、1日1回程度の掃除・拭き取りは日常的な掃除として扱います。また、使用したポータブル便器のあと始末を一括して行う場合は、排尿直後かどうかやその回数にかかわらず「排尿後のあと始末」として評価します。
- 自分でトイレに行くタイミングがわからない認知症高齢者等に対するトイレ誘導等の援助は「見守り等」として評価します。
- 具体的な頻度がわからない場合は時間帯等で評価し、選択根拠を特記事項に記載します。
- 尿汚染に伴う更衣の必要性は、選択基準や実際の介助の方法が不適切と判断する場合の根拠になりますが、更衣に関する介助については「上衣・ズボン等の着脱」項目で評価します。
- 尿カテーテルを使用または留置している場合は、一定期間内に発生している排泄に関する行為を特定し、それに対して行われている介助の方法と頻度で評価します。
- 温水洗浄便座での洗浄は、陰部の清拭行為として評価します。
- 失禁のない1日1回程度の定期的な紙パンツ交換は「2-11 ズボン等の着脱」で評価します。

ポイント

- 1日の排尿回数がわかると判断がしやすくなります。
- 見守り等における「確認」とは、排尿の一連の行為に対する確認であり、パンツや尿取りパットの失禁の確認は含まれません。
- 排尿後のあと始末に該当するのは、交換したオムツなどの始末、尿器やポータブル便器の掃除、抜去したカテーテルの始末などです。

1 介助されていない

ケース	選択理由
● 排尿は1日7～8回あり、トイレでの一連の行為に介助はない。排尿後の流し忘れがたびたびあり、家族が気付いて流すことが1日2～3回ある	● 排尿後の水洗は排尿の一連の行為に含まれるが、頻度から選択する

●日中は自分でトイレ使用し、一連の行為は介助されていない。夜間のみポータブル便器を使用し、家族が朝1回まとめてあと始末している	●排尿回数は夜よりも日中のほうが多いとするのが一般的。夜間のみ使用するポータブル便器のあと始末は頻度から「されていない」を選択する
●紙パンツと尿取りパッドを使用しており、交換は家族が介助している。トイレに間に合わず尿漏れや尿失禁があるがパッドの交換は1日1回で済んでいる	●1日1回の交換でおおむね適切な状態であれば、交換の頻度から「介助されていない」を選択。1日1回の交換でも尿臭がする等の不適切な状態なら適切な介助の方法を選択する
●失禁しても自発的に紙パンツを交換しないため、トイレに行った際介護者が失禁の有無を確認し、汚れている場合は交換するよう促している	●失禁の確認や促しのみの場合は見守りに該当しない
●尿閉のために尿カテーテル留置中で、尿バッグ内の尿は1日2回自分でトイレに破棄している	●日頃の排尿の行為に該当するのは、バッグ内の尿破棄のみで、これに対して介助が行われていない
●独居でベッド中心の生活。腰痛でトイレに行かず尿取りパッドに排泄しており、尿取りパッドを自分で交換して袋に入れ、袋が一杯になると部屋の外に出す。この袋を毎日ヘルパーが来て外のポリバケツに捨てている	●オムツ、尿取りパッドのあと始末は排尿の一連の行為に該当するが、このケースの場合袋に入れるまでがあと始末に該当し、それ以降の行為については排尿の介助には該当しないと考える
●排尿の際尿が飛び散り床を汚すことがあり、1日1回程度床を拭く必要がある	●1日1回程度の床の拭き取りは日常的な掃除に含まれる。状況を特記事項に記載する
●つねに紙パンツと尿取りパッド使用。昼夜トイレで排泄し失禁もなく一連の行為は自立。使用した紙パンツやパッドを居室や脱衣所に置くので、その都度家族が片付けている	●ポータブル便器の始末や汚れたパッドなどの始末は「排尿後のあと始末」に該当するが、失禁もない紙パンツの交換は「ズボン等の着脱」で評価する

② 見守り等

ケース	選択理由
● 自分でトイレに行っているが、尿失禁していることに気付かないためにズボンや座布団が濡れ、室内は尿臭もしている状況である	● トイレに行くタイミングがわからないための不適切な状態と判断し、トイレ誘導の介助が必要と考えて「見守り」を選択する
● 尿意があいまいなため、介護者が時間で声をかけてトイレに誘導している。トイレ内での排泄行為は介助なく自分で行っている	● 自発的にトイレに行かない認知症高齢者等を、トイレに誘導する行為は「見守り」に該当する
● 排尿後、陰部を拭かずにトイレから出て来るために、毎回介護者が付き添い、トイレットペーパーを手渡して拭くように声がけしている	● 排泄行為に対して、常時の付き添い、声がけが行われている場合は「見守り」に該当する

③ 一部介助

ケース	選択理由
● 排尿の一連の行為を自分で行うが、腰曲りがあり排泄後のパンツやズボンの引き上げが不十分でお尻が見えている状態。家族は毎回トイレの外で引き上げる介助をしている	● ズボン・パンツの上げ下げのいずれかが介助されていれば該当する
● 毎回ではないが、1日何度も便器や床を尿汚染している。家族は気付いたとき、その都度拭いている	● 日常的に行われるトイレ掃除ではなく、尿汚染によって1日2回以上拭く等の手間が発生している場合は一部介助に該当する
● 尿失禁した尿取りパッドや紙パンツを自分で交換し片付けずにトイレや自室に置きっ放しにしている。その都度家族が片付けている	● 失禁した尿取りパッド、紙パンツの片付けは排尿後のあと始末に該当する

ケース	選択理由
●腰痛があるものの3日前までは何とか介助なしでトイレで排泄していた。2日前からは腰痛が酷くなり、ベッド上で尿器への排泄となった。毎回妻が尿器のあと始末をしている	●一定期間内に状況が変わった場合で、現在の状況が一時的なものではないと判断した場合は、その状況が続くと想定して選択する。具体的な状況を特記事項に記載する
●下半身の麻痺があり自己導尿している。自分で陰部消毒、カテーテル挿入、膀胱部の圧迫、排尿を行い、家族が尿の始末、カテーテルの消毒、洗浄を行っている	●排尿の一連の行為に含まれる尿器と抜去したカテーテルのあと始末が介助されている

❹ 全介助

ケース	選択理由
●施設入所中で、対象者は便器に座って排尿するのみで、排尿の一連の行為はすべて介助されている	●排尿に伴う一連の行為すべてが介助されている
●尿カテーテル留置中で、毎日朝と夕方に介護者がバッグ内の尿を始末している	●カテーテル留置している場合で、日頃発生している排尿行為がバッグ内の尿処理のみの場合は、それに対する介助の方法と頻度で選択する
●片麻痺があり、ズボンの上げ下げは介助を受けるが、パンツの上げ下げのみ自分でしている。それ以外の排泄行為はすべて介助されている	●羞恥心からパンツの上げ下げのみ自分でする場合があるが、パンツの上げ下げはズボンのそれとセットと考え、「全介助」と評価する
●一連の行為のうちズボンの上げ下げのみ自分でするが、いずれも途中までしかできず介助されている	●途中まで自分で行っている場合でも、ズボンの上げ下げは介助されていることから「全介助」を選択

2-6 排便（介助の方法）

調査項目の定義

「排便」の介助が行われているかどうかを評価する項目です。

ここでいう「排便」とは、「排便動作（ズボン・パンツの上げ下げ、トイレ、排便器への排便）」「肛門の清拭_{せいしき}」「トイレの水洗」「トイレやポータブルトイレ、排便器等の排便後の掃除」「オムツ、リハビリパンツの交換」「ストーマ（人工肛門）袋の準備、交換、あと始末」の一連の行為のことです。

選択肢の選択基準

1 介助されていない

●「排便」の介助が行われていない場合をいう。

2 見守り等

●「排便」の介助は行われていないが、「見守り等」が行われている場合をいう。

●ここでいう「見守り等」とは、常時の付き添いの必要がある「見守り」「確認」「指示」「声がけ」や、認知症高齢者等をトイレ等へ誘導するために必要な「確認」「指示」「声がけ」等のことである。

3 一部介助

●「排便」の一連の行為に部分的な介助が行われている場合をいう。

4 全介助

●調査対象者の「排便」の介助のすべてが行われている場合をいう。

選択の際の留意点

●トイレやポータブルトイレ、差込み便器等の排便後の掃除は介助に含まれますが、トイ

レの日常的な掃除は含まれません。また、使用したポータブルトイレのあと始末を一括して行う場合は排便の直後であるかどうかや、その回数にかかわらず「排便後のあと始末」として評価します。

●自分でトイレに行くタイミングがわからない認知症高齢者等に対するトイレ誘導等の援助は「見守り等」として評価します。

●便汚染に伴う更衣の必要性は、選択基準や実際の介助の方法が不適切と判断する場合の根拠になりますが、更衣に関する介助については「上衣・ズボン等の着脱」項目で評価します。

●温水洗浄便座での洗浄は、肛門の清拭行為として評価します。

ポイント

●見守りに該当するのは基本的に常時の付き添いの必要がある場合ですが、排便が終わるのを待って見守りに該当する行為を行っている場合も含みます。

●一般的な1日の排便回数は1～2回と考えて、行われている介助の頻度で評価します。

●人工肛門（ストーマ）に付随する行為は、①パウチ（ストーマ袋）内の便処理、②パウチの準備、③パウチ交換、④パウチの片付けです。

1 介助されていない	
ケース	選択理由
●排便の一連の行為に介助はない。痔疾患があるために排便のたびにトイレットペーパーを大量に使い、それが原因でトイレが詰まったことがある。現在トイレットペーパーは流さずにトイレに置いたビニール袋に入れ、それを家族が2日に1回ゴミ袋に始末している	●行われている行為は排便の一連の行為には含まれない。行われている援助を具体的に特記事項に記載する
●施設入所中で、便意を訴えるがトイレの場所がわからず毎回職員にトイレまで誘導されている	●この場合「移動」に対する援助になる

●認知症があり、便器の中央にきちんと座らずに排便するため便器を汚してしまう。そのため毎回座る位置を確認したり指示する必要がある	●排便のための指示、確認が行われているが、常時の付き添いがない場合には、見守りに該当しない。状況を特記事項に記載する
●痔疾患があり、便を軟らかくする薬を飲んでいる。毎日排便があり、たびたびパッドを汚しているため、トイレに行った際は毎回介護者がパッドを確認し、汚れているときは新しいパッドを手渡して交換を促している。排便の一連の行為は自分でしている	●パッドの確認や交換の促しは見守りに該当しない
●便秘で1日おきに妻に浣腸をしてもらい、浣腸後はトイレで排便の一連の行為を自分で行っている。浣腸の準備と片付けは妻がしている	●排便を促す行為（下剤服用、浣腸・座薬使用など）とその片付けは定義に含まれない

2 見守り等

ケース	選択理由
●排便の際は介護者がトイレの前で待ち、外から声をかけたり、指示したりしている	●常時の付き添いの必要があり、トイレの外からでも指示が行われている場合は「見守り等」に該当する
●独居で、下着やズボンに便が付着しているが、本人は気付かず何日もそのままになっている。身体機能に問題はない	●介護者不在のために適切な介助がされていないと判断する。拭き取りに対する指示、確認が必要と判断し、身体状況から「見守り等」を選択する
●大腸がん術後で入院中。ストーマ造設し現在ストーマ管理の指導を受けている。ストーマ処理の一連の行為に対し毎回看護師が付き添い、指導している	●排便の一連の行為に含まれるストーマの処理に、常時の付き添いと見守り、指示等が行われている

3 一部介助	
ケース	選択理由
●ストーマを造設している。対象者が毎日自分でパウチ内の便をトイレに捨てており、面板の貼り換え、パウチの交換と始末は3日に1回毎回家族が行っている	●ストーマに対して発生する行為は、①パウチ内の便処理、②パウチの準備と交換、③パウチのあと始末、④面板の貼換え、がある。左記の場合、②③④が介助されている
●1週間前から下痢が続き1日数回トイレに行く。トイレに間に合わず便器を汚していることがたびたびあり、家族が気付いて1日1回以上便器を掃除している	●一定期間内の状況で、日常的に行われるトイレ掃除ではなく、便汚染等によって1日1回以上、便器を拭く等の手間が発生していれば「一部介助」に該当する
●排便後は自分で温水洗浄便座を操作して洗浄し、洗浄後の拭き取りはしていない。自動水洗式トイレで、ズボンと紙パンツの上げ下げ、紙パンツの交換が介助されている	●実際に発生している行為は、ズボンとパンツの上げ下げ、肛門の清拭、パンツ交換で、肛門の清拭は介助なしで行っているため、「一部介助」を選択する
●対象者は女性で、排泄はトイレで行い一連の行為に介助はない。しかし拭き取り不十分でいつも肛門周囲が汚れているため、毎朝家族が温タオルで陰部と肛門周囲を清拭し、失禁用パンツ交換を介助している	●排便の場合は1日1～2回が一般的な回数と考え、1日1回以上肛門周囲の清拭が行われている状況は、頻度からみて介助されていると評価する
●パッドを使用しており、拭き取りが不十分なときが多いので定時で介護者がパッドを確認し、1日1～2回介助で交換している	●パッドの確認自体は一連の行為には含まれないが、1日1～2回の交換は頻度から「一部介助」に該当する

④ 全介助

ケース	選択理由
●介助でトイレに行き排便しているが、座位を保つのが精一杯で一連の行為はすべて介助されている	●一連の行為がすべて介助されている
●ストーマを造設し1週間前退院した。まだストーマの処理に自信がなく、ストーマにかかる行為はすべて家族が行っている	●ストーマに対して発生する行為のすべてが介助されている
●ガン末期で麻薬性鎮痛剤を使用している。そのため便秘が強く、排便は週2回訪問看護師によるベッド上での摘便のみで、準備、清拭、あと始末も看護師がしている	●摘便行為自体は排便の定義に含まれないが、摘便に伴う排便の一連の行為がすべて介助されている場合は「全介助」に該当する
●便意があいまいで、トイレで排泄したりオムツ失禁したりしている。トイレでする場合は拭き直しの介助のみ行われているが、オムツ失禁の場合は全介助になる。ここ1週間ではオムツ失禁のほうが多い	●一定期間（おおむね過去1週間）でのより頻回な状況で選択する

PART
2

第**2**群

生活機能 — 2-6 — 排便（介助の方法）

2-7 口腔清潔（介助の方法）

調査項目の定義

「口腔清潔」の介助が行われているかどうかを評価する項目です。

ここでいう「口腔清潔」とは、歯磨き等の一連の行為のことで、「歯ブラシや口すすぎ用の水を用意する」「歯磨き粉を歯ブラシにつける等の準備」「義歯をはずす」「歯や義歯を磨く」「口すすぎをする」等のことです。

選択肢の選択基準

1 介助されていない

● 「口腔清潔」の介助が行われていない場合をいう。

2 一部介助

● 一連の行為に部分的に介助が行われている場合をいう。
● 見守り等（確認、指示、声がけ）が行われている場合も含まれる。
● 歯磨き中の指示や見守り、磨き残しの確認が行われている場合を含む。
● 義歯の出し入れはできるが、義歯を磨く動作は介護者が行っている場合も含む。

3 全介助

● 「口腔清潔」のすべての介助が行われている場合をいう。
● 本人が行った箇所を含めて、介護者がすべてやり直す場合も含む。
● 介護者が歯を磨いてあげ、口元までコップを運び、本人は口をすすいで吐き出す行為だけができる場合は、「3.全介助」を選択する。

選択の際の留意点

● 洗面所への誘導、移動は含みません。
● 洗面所周辺の掃除等は含みません。

●義歯の場合は義歯の清潔保持に関わる行為で評価します。

●歯磨き粉を歯ブラシにつけない、口腔洗浄剤を使用している等の場合も口腔清潔に含みます。

●見守りに該当する行為は「常時の付き添いがあり、指示・声がけ・確認が行われている」場合ですが、このほかに、口腔清潔の場合は「常時の見守りはされていないが、口腔清潔行為中の状況確認や声がけ、終了後に磨き残しがないか確認が行われている」場合も含みます。

ポイント

●「歯がないにもかかわらず義歯を使用していない」「歯磨きをしていない」場合、不適切かどうかは、そのことによって日常生活に影響しているかどうかで判断します。

1 介助されていない

ケース	選択理由
●無頓着で自発的には歯磨きしないが、家族に促されれば自分でする	●歯磨きに常時の付き添いのない、促しのみの場合は見守りに該当しない
●自分の歯はなく義歯も使用しておらず日常的には口すすぎもしていない。特に口腔内の症状はなく、口臭も気にならない	●不適切な状態でなければその状態で選択する
●右肩痛があり右腕を上げられない。そのため自宅での毎日の歯磨きでは磨き残しが多く、週1回のデイサービス利用時にスタッフが全体をきれいに磨き直ししている	●磨き残しをもって不適切な状態とはいえないため、日頃の状況から選択する
●自分の歯はなく、義歯も使っていない。麻痺があり口すすぎもできないため、食後は口すすぎの代わりに介護者がトロミを付けたお茶を口に運び、それを飲み込むことで清潔を保っている	●飲み込む行為は口腔清潔行為には含まれないため、介助には該当しない

●歯磨きの一連の行為は自分でしているが、磨き終わったあとの歯ブラシをきれいに洗っていない、ブラシ部分がつぶれていても使い続けるなど、手入れや管理ができず、職員がその都度洗ったり交換したりしている	●歯磨き後の物品の手入れや片付けは該当しない。実際の手間を特記事項に記載する
●自発的には歯磨きしないため毎回歯磨きの声がけがされている	●歯磨き中の指示や声がけは見守りに該当するが、歯磨きを促すための声がけは見守りに該当しない

2 一部介助

ケース	選択理由
●常時の付き添いはないが、介護者が毎回歯磨き後に磨き残しの確認をしている	●常時の付き添いがなくても、歯磨き後の磨き残しの確認は見守りに含まれ、「一部介助」に該当する
●歯ブラシを準備して渡すと自分で磨くが、磨き残しが多いため磨き残した部分を介護者が磨き直している	●歯磨きの準備と磨き残し部分の磨き直しが該当する
●対象者が自分で義歯を外し、家族が義歯洗浄液を作って洗浄液に浸けている	●義歯洗浄液を作ってそれに入れる行為は口腔清潔の介助に含まれる
●介護者が洗面台まで車椅子を押し、水や歯ブラシを準備すれば自分で歯磨きする	●洗面台までの誘導は介助に該当しないが、歯ブラシ等の準備は該当する
●歯磨きはしておらず、食後は家族が口腔洗浄剤を準備し、対象者はそれで口すすぎを行っている	●口腔洗浄剤での口すすぎは口腔清潔に含まれ、その準備は介助に該当する
●脳梗塞後遺症で右片麻痺がある。義歯を自分で外して洗浄しているが、義歯を持って洗うのが大変で時間がかかっている。自分のことは自分でしたいと思うが介助がほしいと思っている	●現在の状態は不適切と考え、適切な介助の方法として「一部介助」を選択する

❸ 全介助

ケース	選択理由
● 歯ブラシを準備して渡すと自分で磨くが、磨き残しが多く、本人が磨いたところを含めて介護者が磨き直している	● 本人が行ったところも含めて磨き直す場合は「全介助」に該当する
● 施設入所中で、本人に歯磨きをする能力はあるが時間がかかるために職員が歯磨きの一連の行為すべてを介助している	● 対象者の能力のみで判断するものではなく、生活環境等を総合的に考えて選択する。この場合、「全介助」にあたる行為は不適切とはいえない
● 歯はなく義歯も使用していない。食後は介護者が水を準備し口まで運び、本人はすすぎと吐き出しのみ行っている	● 実際に発生している口腔清潔行為に対し、対象者が口すすぎと吐き出しのみ行っている場合は「全介助」となる

2-8 洗顔（介助の方法）

調査項目の定義

「洗顔」の介助が行われているかどうかを評価する項目です。

ここでいう「洗顔」とは、洗顔の一連の行為のことで、一連の行為とは、「タオルの準備」「蛇口をひねる」「顔を洗う」「タオルで拭く」「衣服の濡れの確認」等の行為をいいます。また、「蒸しタオルで顔を拭く」ことも含みます。

選択肢の選択基準

1 介助されていない

- 「洗顔」の介助が行われていない場合をいう。

2 一部介助

- 一連の行為に部分的に介助が行われている場合をいう。
- 見守り等（確認、指示、声がけ）が行われている場合も含まれる。
- 洗顔中の見守り等、衣服が濡れていないかの確認等が行われている場合を含む。
- 蒸しタオルで顔を拭くことはできるが、蒸しタオルを準備してもらう等の介助が発生している場合を含む。

3 全介助

- 「洗顔」のすべての介助が行われている場合をいう。
- 介護者が本人の行った箇所を含めてすべてやり直す場合も含む。

選択の際の留意点

- 洗面所への誘導、移動は含みません。
- 洗面所周辺の掃除は含みません。
- 洗顔の習慣がない等、行為自体が発生しない場合は類似行為で代替え評価します。

ポイント

●洗顔しているかどうかわからないが不適切な状態ではない場合は、類似行為での代替え
評価ではなく「介助されていない」を選択します。

❶ 介助されていない	
ケース	選択理由
●整容に無頓着で自発的には洗顔しないが、家族が促せば自分でしている	●洗顔の促しのみの場合は見守りに該当しない
●独居で、意欲低下のため起床後の洗顔はほとんどしていない。しかし入浴後に自分で顔を拭いており不適切な状態ではない	●洗顔の習慣がない場合は類似行為（この場合は入浴後の顔拭き）で代替えして選択する
●洗顔は自分でしているが髭剃りは毎回家族がしている	●髭剃りは洗顔に含まれない
●脳梗塞による片麻痺がある。洗顔の一連の行為は自分で行っているが洗顔のたびに洗面所の床を濡らすためにその都度家族が床を拭いている	●洗面所周辺の掃除等は洗顔の一連の行為に含まれない

❷ 一部介助	
ケース	選択理由
●上肢麻痺があり洗顔の際服を濡らしてしまう。家族が毎回服が濡れていないか確認している	●洗顔に伴う衣服の濡れの確認は、「一部介助」に該当する
●握力が弱く、タオルをきちんと絞れないため介護者が絞って対象者に渡すと自分で拭いている	●タオルの準備は「一部介助」に該当する
●家族が洗顔のために毎日洗面台の上にタオルを準備している	●同上

●握力が弱いために、洗顔の際介護者が蛇口の開け閉めの介助をしている	●洗顔のために水道の蛇口をひねる行為は、洗顔の一連の行為に含まれる
●必要な物品を準備しても自分ですることはなく、職員から促されている。何をしたらよいかわからないでいるため、職員が側で1つひとつ声がけや身振りで教えている	●1つひとつ教える手間があるが、行われている介助は必要物品の手渡しと声がけなので「一部介助」となる。具体的な手間を特記事項に記載する

3 全介助

ケース	選択理由
●施設入所中で、能力的にはできると思われるが、理解力低下で時間がかかるため、毎回職員が蒸しタオルで顔を拭いている	●能力があることのみで不適切な介助の方法とは判断せず、置かれている状況や生活環境等を総合的に考えて選択する
●濡れタオルを渡すと自分で顔を拭くがきれいに拭けていないことが多く、毎回のように介護者が顔全体を拭き直している	●本人が拭いたところを含めて全体を拭き直しされている場合は「全介助」に該当する

2-9　整髪（介助の方法）

調査項目の定義

　「整髪」の介助が行われているかどうかを評価する項目です。

　ここでいう「整髪」とは、「ブラシの準備」「整髪料の準備」「髪をとかす」「ブラッシングする」等の「整髪」の一連の行為のことです。

選択肢の選択基準

1 介助されていない

●「整髪」の介助が行われていない場合をいう。

2 一部介助

●一連の行為に部分的に介助が行われている場合をいう。
●見守り等（確認、指示、声がけ）が行われている場合も含まれる。

3 全介助

●「整髪」のすべての介助が行われている場合をいう。
●本人が行った箇所を含めて介護者がすべてやり直す場合も含む。

選択の際の留意点

●洗面所等鏡のあるところへの誘導、移動は含みません。
●洗面所周辺の掃除は含みません。
●頭髪がない・短髪で整髪の必要がない場合は、入浴後にタオルで頭を拭く行為等の代替え行為で選択します。

ポイント
●ブラシなどを使わずに手で整えている場合、それで整髪になっている状況ならその行為

を整髪と評価します。

1 介助されていない	
ケース	選択理由
● 頭髪がなく整髪の必要がない。朝に介助なしで洗顔しており、その際に自分で頭も拭いている	● 通常の整髪行為が発生しない場合は代替行為で評価し、その代替行為に対する介助の方法で選択する
● 入院中で、ショートカットのため普段は手櫛で簡単に髪を整えているのみ。週2回の入浴の際は毎回看護師が整髪の一連の行為をすべて介助している	● 手櫛で整えて不適切な状態でなければその行為を整髪とみなし、頻度から選択する
● 整容に無頓着で自発的には整髪していないが、家族が促せば自分でしている	● 促し行為のみの場合は見守りに該当しない
● 寝たきりの妻との2人暮らし。普段からブラシ等での整髪はしておらず、髪はぼさぼさで無精ひげが伸びている。入浴は月1～2回で、その際は自分で整髪している	● 日頃の整髪は手櫛で行われ、その状況が対象者にとって不適切な状態ではないと判断した場合は「介助されていない」を選択する

2 一部介助	
ケース	選択理由
● 右片麻痺あり。自分でブラシの準備をして利き手でない左手で整髪するが、全体をきれいにできないため手の届かない部分を家族が整えている	● 髪をとかす行為の一部が介助されている
● ベッド上生活で、頭髪がなく整髪を行っていない。毎日家族が濡れタオルを準備して渡すと、顔と頭を自分で拭いている	● タオルで頭を拭く行為を整髪行為と考え、タオルの準備が介助されていることから選択する

ケース	選択理由
●認知症があり、ブラシが手元にあっても整髪しないために家族が付き添って声がけしている	●常時の付き添いがあり、指示声がけされている場合は「見守り」に該当する

❸ 全介助

ケース	選択理由
●片麻痺があり自分で整容行為はできない。短髪で日頃整髪の必要はないが、週2回の入浴時は頭を拭く介助がされている	●自分では整容できない方で、日頃整容行為が発生していない場合は代替え行為で評価する
●認知症があり自発的に整髪は行わない。家族がブラシを渡しても前髪をかき上げるのみのため、家族が全部やり直している	●対象者が行った部分を含めて、すべてやり直す場合は「全介助」に該当する
●整髪するという意識がなく日頃は何もしていない。洗髪後にのみ家族が整えている	●日頃、整髪行為がない場合でも、おおむね過去1週間内に整髪機会がある場合はその介助の方法で選択する

2-10 上衣の着脱（介助の方法）

調査項目の定義

「上衣の着脱」の介助が行われているかどうかを評価する項目です。

ここでいう「上衣の着脱」とは、普段使用している上衣等の着脱のことです。

選択肢の選択基準

1 介助されていない

● 「上衣の着脱」の介助が行われていない場合をいう。

2 見守り等

● 「上衣の着脱」の介助は行われていないが、「見守り等」が行われている場合をいう。

● ここでいう「見守り等」とは、常時の付き添いの必要がある「見守り」や、認知症高齢者等の場合に必要な行為の「確認」「指示」「声がけ」等のことです。

3 一部介助

● 「上衣の着脱」の際に介助が行われている場合であって、「見守り等」「全介助」のいずれにも含まれない場合をいう。

4 全介助

● 「上衣の着脱」の一連の行為すべてに介助が行われている場合をいう。

選択の際の留意点

● 時候に合った服を選べるか、また服の準備など、着脱までの行為は含まれません。

● 介護者が構えている服に対象者が自分で袖を通す場合は、協力動作があるとして「一部介助」を選択します。

●着脱の介助の手間を評価するもので、着たあとの細かい整えや脱いだ物の片付けは含まれません。

●常時の付き添いがない場合でも、着脱中の声がけ、着脱後にキチンとできているかの確認がされている場合は見守りに該当します。

1 介助されていない	
ケース	**選択理由**
●季節や陽気に合った服を自分で選ぶことができないために介護者が選んで準備している。準備すれば自分で着脱する	●着脱に至るまでの行為は着脱に含まれない
●右上肢麻痺がある。ボタンやファスナー物の着脱は介助されるが、被り物の場合は介助されていない。日頃は被り物を着ることが多い	●衣服の種類によって介護状況が違う場合はより頻回な状況で選択し、状況を特記事項に記載する
●五十肩で、手をうしろに回す動作に支障がある。日頃の更衣は何とか自力でしているが、週2回の入浴後の着衣は滑りが悪くて毎回介助されている	●状況によって介護状態が違う場合はより頻回な状況で選択する
●シャツの上に同じようなシャツを重ねて着たり、パジャマの上に服を着る等の行為がある。間違った着方をしている場合は家族が着替えるように指示している	●見守りに該当するのは、着脱に常時の付き添いのある場合や着脱後に毎回確認等が行われている場合で、気付いたときのみの指示は該当しない
●施設入居中で、着替えの準備と週2回の入浴時の更衣はスタッフが手伝うが、毎日のパジャマと洋服の更衣は1人で行っている	●状況によって介助の方法が異なる場合は頻度で評価する

② 見守り等

ケース	選択理由
●着脱は自分でするが、着る順番が理解できないため介護者が付き添い、1枚ずつ声をかけながら手渡している	●常時の付き添いと声がけがされている場合は「見守り」に該当する
●更衣に常時の付き添いはないが、更衣後にきちんと着ているか介護者が毎回確認し、必要なときは手直ししている	●常時の付き添いがなくても、認知症高齢者等に対し更衣後の確認が行われている場合は「見守り」に該当する
●更衣に常時の付き添いはないが、介護者が途中で更衣が進んでいるかの確認と声がけをしている	●常時の付き添いがない場合であっても、認知症高齢者等に対し着脱中に状況確認や声がけが行われている場合は「見守り」に該当する

③ 一部介助

ケース	選択理由
●入院中で、身体的に着脱の能力はあるが、時間がかかるために毎回看護師が介助している。袖通しの協力動作はある	●能力があることのみで実際に行われている介助の方法が不適切とはせず、おかれている状況等を総合的に考えて選択する
●乳がん術後で、患側（かんそく）の腕を上げると脇が痛くなるため上衣の着脱に時間がかかり、朝は更衣だけで疲れてしまう。対象者は家族に気兼ねして介助は頼んでいない	●疲れてしまう等の状況から不適切な介助の状態と判断し、身体状況から適切な介助を選択する
●自分で着脱しているが、着崩れや着衣の乱れがひどく、毎回家族がシャツをズボンの中に入れたり、背や裾を整えている	●襟や袖口等の細かい整えは該当しないが、手直しやシャツを中に入れる介助をしている場合は「一部介助」に該当する

●右不全片麻痺がある。朝と夜に更衣しており、朝は家族が出かけて1人のため時間をかけて自分で何とか更衣しているが、夜と日曜日等は上衣を羽織ったり、ボタンをかける介助を家族がしている	●介助される頻度は半々だが「一部介助」を選択し、具体的な状況を特記事項に記載する

4 全介助

ケース	選択理由
●介護者が構えても自らは袖を通さないために、指示して腕を伸ばしてもらい、それに介護者が袖を通している	●服を構える介助に対し自ら袖を通す場合は協力動作があるとするが、この場合協力動作とはいえない
●糖尿病性末梢神経障害があり、腕を十分に伸ばせない。介護者が服を構え、それに自分で袖を通すが途中までしか通せない。あとは介護者が袖を通したり、裾を下げる介助をしている	●対象者が自分で袖に腕を通すことができているとはいえないため、協力動作があるには該当しない

2-11 ズボン等の着脱（介助の方法）

調査項目の定義

「ズボン等の着脱」の介助が行われているかどうかを評価する項目です。

ここでいう「ズボン等の着脱」とは、普段使用しているズボン、パンツ等の着脱のことです。

選択肢の選択基準

1 介助されていない

●「ズボン等の着脱」の介助が行われていない場合をいう。

2 見守り等

●「ズボン等の着脱」の介助は行われていないが、「見守り等」が行われている場合をいう。
●ここでいう「見守り等」とは、常時の付き添いの必要がある「見守り」や、認知症高齢者等の場合に必要な行為の「確認」「指示」「声がけ」等のことである。

3 一部介助

●「ズボン等の着脱」の際に介助が行われている場合であって、「見守り等」「全介助」のいずれにも含まれない場合をいう。

4 全介助

●「ズボン等の着脱」の一連の行為すべてに介助が行われている場合をいう。

選択の際の留意点

●ズボン等の選択や準備、手渡し等、着脱までの行為は含まれません。
●介護者が構えているズボンに自ら足を通す場合は、協力動作があるとして「一部介助」を選択します。

● 普段ズボンをはかない場合（浴衣や寝巻き使用等の場合）は、パンツやオムツの着脱行為で代替え評価します。

ポイント

● 着脱の介助の手間を評価するもので、着たあとの整えや脱いだ物の片付けは含まれません。
● "脱ぐ、はく"のいずれかにのみ介助が行われている場合も該当します。
● 常時の付き添いがない場合でも、着脱中の声がけ、着脱後にキチンとできているかの確認がされている場合は見守りに該当します。

1 介助されていない	
ケース	選択理由
● ズボンははけるが、前屈みが困難なため靴下やストッキングをはくことができず、毎回介護者がはかせている	● 靴下類の着脱はズボンの着脱に該当しない
● ズボンは自分ではくが、パンツやズボンを2枚はいたりしており、介護者が気付いて、はき直しを指示したり、促すことが週に1〜2回ある	● 着脱中や着脱後の確認や指示は見守りだが、気付いたときのみの場合は該当しない
● 家族が着替えを準備すると自分で着脱するが、脱いだ服やズボンは床に置いたままのため毎回家族が片付ける手間がある	● 着脱以外の介助は該当しない。具体的な介助の手間を特記事項に記載する
● 独居で、身体機能に問題はない。日頃から、更衣するのが億劫で同じズボンを何日もはき続け、また汚れや破れがあってもかまわずはいている	● 着脱の介助について問う項目であり、更衣の選択や交換が適切に行われているかを問うものではない

2 見守り等

ケース	選択理由
● 下着やズボンをはく順番がわからないため、介護者が常時付き添い、手渡して指示している	● 着脱に常時の付き添いの必要があり、指示等が行われている場合は「見守り」に該当する
● 常時の付き添いはないが、前後を逆にはいたりするためズボンをはいたあと、毎回介護者が確認し、逆のときははき直しを指示している	● 常時の付き添いがない場合でも、認知症高齢者等に対し着用後の確認、指示が行われている場合は「見守り」に該当する
● 常時の付き添いはないが、更衣が進んでいるか介護者が途中で確認に来て、声をかけている	● 常時の付き添いがない場合でも、認知症高齢者等に対し行為中の確認、声がけが行われている場合は「見守り」に該当する

3 一部介助

ケース	選択理由
● いつも寝間着姿でズボンははかない。紙パンツをはいており、紙パンツの着脱は介助され、介護者が構えると足を通す	● ズボンをはかない場合はパンツ等の着脱行為で代替え評価する。介護者が構えたパンツに自分で足を通していることから協力動作があると評価する
● 独居で腰痛と脚の痺れがありベッドに横になったまま着脱している。そのため更衣に時間がかかり、疲れて更衣後しばらくは何もできない	● 介護者不在による不適切な状態と判断し、身体状況から適切な介助方法として「一部介助」を選択する
● 認知症があり、いつも足首を伸ばさずにはこうとするためズボンに足が通らない。家族がそのたびに足を通す介助をしている	● 着脱の一連の行為であるズボンに足を通す行為に介助が行われている

● ズボンを脱ぐときは一部介助でできるが、はくときは足通しからズボンの引き上げまで全介助されている	● 「着脱」で評価する項目のため、着脱のどちらかが「一部介助」の場合は一部介助を選択する
● いつもパジャマを着ており、失禁の際のリハビリパンツ交換は全介助だが、ズボンの着脱は一部介助でできている	● この項目はズボン・パンツ等の着脱行為の評価だが、ズボンが一部介助の場合はそれで評価し、失禁等によるリハビリパンツの交換は「排泄」項目で評価する

4 全介助

ケース	選択理由
● 寝たきりで、ベッド上でズボンの着脱が介助されている。自ら足通しはできないが、腰を上げる協力動作はある	● 介護者が構えたズボンに自ら足を通す場合は協力動作があるとするが、腰や足を上げる行為は協力動作には当たらない
● 着脱の際介護者の指示で足を上げるが、自らズボンに足を通すことはない	● 同上

注意！

「全介助」を選択し、特記事項には「ズボンは介助ではかせてもらっている」とだけ記載があるケース。特記事項には「全介助」の選択が適切かどうかがわかる記載が必要です。

2-12 外出頻度（有無）

調査項目の定義

「外出頻度」を評価する項目です。

　ここでいう「外出頻度」とは、1回おおむね30分以上、居住地の敷地外へ出る頻度を評価するものです。一定期間（調査日よりおおむね過去1か月）の状況において、外出の頻度で選択します。

選択肢の選択基準

1 週1回以上

●週1回以上、外出している場合をいう。

2 月1回以上

●月1回から3回、外出している場合をいう。

3 月1回未満

●月1回未満の頻度で外出している場合をいう。

選択の際の留意点

●定期、不定期であるかや活動内容は問いません。また同行者の有無も問いません。おおむね過去1か月内に実際に外出した頻度で選択します。
●徘徊は外出には含みません。
●救急搬送、救急外来受診、転院は外出には含みません。
●同一施設内の移動、同一敷地内の施設等への移動は外出に含みません（アパート、マンションも含む）。
●入退院、施設の入退所など、過去1か月の間に環境が大きく変わった場合は、変化したあとの状況で選択します。

- ●ショートステイや入院等の場合は、その日数にかかわらず連続した1回の利用を1回の外出とします。
- ●どの選択をした場合でも内容と頻度を特記事項に記載します。

ポイント

- ●季節や天候によって外出頻度が変わる場合であっても、実際に外出した頻度で選択します。

1 週1回以上

ケース	選択理由
●2週間前退院した。入院中は外出機会がなかったが、退院後は週1回外来受診している	●過去1か月の間に状況が大きく変化した場合は、変化したあとの状況で選択する
●毎週土曜日から月曜日にかけてショートステイを利用している	●土曜から月曜日にかけてのショートステイを、1回の外出とする
●4か所の医療機関に月1回ずつ通院しているが、必ずしも週1回ずつ行っている訳ではない	●各週でなくても月単位で判断し、内容を特記事項に記載する

2 月1回以上

ケース	選択理由
●ここ1か月内に1回の入退院があった。それ以外の外出機会なし	●入退院は入院日数にかかわらず1回の外出とする
●3か所のかかり付け医にそれぞれ月1回ずつ家族の付き添いを受け通院している	●付き添いの有無は問わない
●1か月内での外出はショートステイを1週間利用したのみ	●ショートステイ利用日数に関係なく、1回のショートステイを1回の外出とする

PART
2

第
2
群

生活機能 ― 2 - 12 ― 外出頻度(有無)

●自宅はマンションで、同じマンションの別の階に住む友人宅に毎日運動と安否確認を兼ねて行き、1時間ほど過ごして来る。それ以外の外出は月1回の通院のみである	●同一建物内の移動は外出に含まれない。このケースでは月1回の通院が外出に該当する。毎日友人宅に行っている状況を特記事項に記載する

❸ 月1回未満

ケース	選択理由
●1か月内では病院の救急外来を受診したのみ	●救急搬送や救急受診は該当しない
●サービス付き高齢者住宅に住み、同じ建物の中にあるデイサービスに週2回行っている。その他にここ1か月間は外出機会はなかった	●敷地内移動は含まない
●1か月前に他の病院からリハビリ目的で転院した。転院後は外出していない	●転院は外出に該当しない
●2週間前現在の病院に入院した。在宅では毎日30分以上散歩していたが現在は病院から出る機会はない	●環境が大きく変化した場合、変化したあとの状況で選択する
●外出が大変で、日頃薬は家族がもらうが、受診が必要なときは2人介助で車に乗せ、ぎりぎりまで車のシートを倒して横になって待っている	●外出の際の介助の手間を特記事項に記載した例

注意!

季節や天候によって外出頻度や状況が変わる場合であっても実際の外出回数で選択します。この項目は日頃の活動状況を見るものであることから、できるだけその内容や状況を具体的に記載します。

第3群 認知機能
[能力と有無で評価する項目]

この群は認知機能に関する項目群で、意思の伝達や短期記憶、場所の理解等の能力と徘徊（はいかい）等の有無を評価します。「3-8徘徊」「3-9外出すると戻れない」はBPSD関連項目として有無で評価し、それ以外は能力での評価になります。

■ 調査の際のポイント

- 「3-1意思の伝達」は一定期間の定めはなく、調査時の状況と日頃の状況から判断します。
- 3-2～7の項目は、実際に質問して正答できるかで評価しますが、日頃の状況と異なる場合があるため、家族や介護者に日頃の状況を確認し、異なる場合はおおむね過去1週間でのより頻回な状況で選択します。
- 3-8「徘徊」、3-9「外出すると戻れない」はその行動の有無で判断するもので、3-1～7とは判断基準が違いますので注意が必要です。
- 「今の季節」「今いる場所」などについて日頃理解しているか判断がつかない場合は調査時の状況で選択します。
- 「短期記憶」について日頃の状況で判断できない場合は「3品テスト」の実施をお勧めします。この3品テストは多くの現役調査員が実施しています。

■ 特記事項記載のポイント

　3-1～7の項目については、「できる」以外の選択肢を選択した場合は、調査時の返答や日頃の状況などの選択根拠を記載します。

3-1 意思の伝達（能力）

調査項目の定義

「意思の伝達」の能力を評価する項目です。

ここでいう「意思の伝達」とは、調査対象者が意思を伝達できるかどうかの能力です。

選択肢の選択基準

1 意思を他者に伝達できる

● 手段を問わず、調査対象者が常時、誰にでも「意思の伝達」ができる状況をいう。

2 ときどき伝達できる

● 通常は調査対象者が家族等の介護者に対して「意思の伝達」ができるが、その内容や状況等によってはできるときと、できないときがある場合をいう。

3 ほとんど伝達できない

● 通常は調査対象者が家族等の介護者に対しても「意思の伝達」ができないが、ある事柄や特定の人（例えば認定調査員）に対してであれば、まれに「意思の伝達」ができる場合をいう。

● 認知症等があり、「痛い」「腹が減った」「何か食べたい」等、限定された内容のみ「意思の伝達」ができる場合は、「3.ほとんど伝達できない」を選択する。

4 できない

● 重度の認知症や意識障害等によって、「意思の伝達」がまったくできない、あるいは「意思の伝達」ができるかどうか判断できない場合をいう。

意思の伝達の考え方

　テキストでは、伝達手段と伝達する内容の「合理性」は問わないとしています。伝達内容の合理性を欠くとは、①話の内容が実際と違う・間違っている、辻褄が合わない、②相手の話を理解しておらず話の趣旨に沿った返答ができない、などです。

　実際の調査で、認知症があり相手が話した内容が理解できずに、まったく的外れなことを言う人、意味不明なことを言う人を見かけます。この場合に「合理性は問わないが意思の伝達はできる」と評価できるのでしょうか？

　たとえば、「身体の具合はどうですか？」との問いかけに対する返答が以下のような場合、

　Aさん「みんな私のことを心配してくれる。ありがたい」

　Bさん「あんた誰?、どこから来たの?」（何度も自己紹介したにもかかわらず）

　どちらも質問には答えていませんが、Aさんの場合「心配してくれる」と質問に関連することを言っており、許容できる範囲の返答といえます。他方Bさんの場合は質問には無関係でかつ的外れであり、許容できる範囲の返答といえません。

　このように、内容にかかわらず言葉を発することができれば「意思の伝達ができる」とするのではなく、話の内容と状況も含めて評価するのが妥当です。

選択の際の留意点

● 他の能力項目と違い、一定期間の定めはありません。
● 失語症等で会話が成立しなくても、何らかの方法で意思を伝達できる場合はその状況で選択し、その伝達手段も問いません。
● 伝達する意思の内容の合理性は問いませんが、社会生活における「意思伝達」とは最低限伝達する相手が許容できる範囲の内容を伝えることと考え、本書ではこの点を踏まえて判断、選択しています。

ポイント

評価のポイントは以下の3つです。

①いつも伝えられるか？（頻度）

②相手が誰でも伝えられるか？（相手）

③伝える内容に制限はあるか？（内容）

| 表3 | ●意思の伝達の凡例 | 該当する縦軸と横軸の交差する部分が選択肢になるように配置しています。 | | |

伝達状況と頻度 / 伝達する内容	●相手や状況にかかわらずいつもできる ●口数少なく自分から進んで話すことはないが、話しかければいつも答える ●流暢に話せず聞き取りにくいがいつもできる ●身振りや筆談で時間がかかるがいつもできる	●日頃できるが状況によってはできないときがある（できるときと、できないときがある） ●発語が不明瞭で、ところどころわからない部分がある（話の趣旨はおおむねわかる）	●日頃できないが、状況によってはできるときがある（まれにできる） ●発語が不明瞭で部分的にしかわからない（話の趣旨がわからない）	いつもできない
●内容にかかわらずできる ●内容は事実と違うができる ●質問の趣旨を理解していないができる	できる	ときどきできる	ほとんどできない	できない
●大まかな内容はできるが、詳しい内容はできない	ときどきできる	ときどきできる	ほとんどできない	できない
●限定された内容のみできる	ほとんどできない	ほとんどできない	ほとんどできない	できない
●内容にかかわらずできない ●できるか判断できない	できない	できない	できない	できない

1 意思を他者に伝達できる

ケース	選択理由
●常時誰とでも意思の伝達ができるが、内容は実際と違っている	●自らの意思を他者に伝えられるかで選択し、内容の信ぴょう性や合理性は問わない
●日頃から質問の趣旨を理解できずに的外れな返答をする。しかし、強引ではあるが自分の考えは相手に伝えることができる	●伝達する内容の合理性は問わない。また相手が許容できる範囲の会話ができていれば「できる」と評価する
●普段から口数が少なく、自分から話をすることはほとんどないが、問いかけると詳しい内容も答えることができる	●自ら進んで伝達するか否かは問わない
●ホワイトボードを使っての会話で時間がかかるが、読み取れれば詳しい内容も返答できる	●伝達方法やその状況は問わない
●ALSで気管切開している。意思伝達装置「伝の心」を使用し、介護者にモニター画面を通して訴えや感想を伝えている	●日常的に伝達できている場合は「できる」と評価する。体調に左右され、伝達できないときがある場合は「ときどき伝達できる」に該当する
●話が横道に逸れてしまい、話がまとまらない	●話がまとまらない場合でも、伝達する内容の合理性は問わないので「できる」と評価する

2 ときどき伝達できる

ケース	選択理由
●失語症があり本人はゼスチャーで伝達している。家族は伝達内容を理解しているが、調査の際、調査員は部分的にしか理解できなかった	●相手や状況によってはできないときがある場合は「ときどき伝達できる」と評価する

●簡単な質問には答えるが、複雑な内容は理解できず返答も曖昧になる	●複雑なこと等、伝達する内容によって、できるときと、できないときがある場合は該当する
●対象者は中国帰国子女で、日本語はほとんど通じず家族は表情や仕草で判断している。内容によっては家族にも理解できないときがある	●会話によるか身振りによるかは問わないが、内容によっては伝達できないときがある場合は該当する
●失語症があり、言おうとする言葉が出ないために途中で話すのを止めてしまう。そのためYes／Noでの返答はできるがくわしい内容の伝達はできない	●大まかな内容は伝達できるが、くわしい内容を伝達できない場合は「ときどき伝達できる」と評価する
●問いかければ返答するが、まったく無関係な話題になってしまい、話が噛み合わない	●内容の合理性は問わないが、会話が成立しない状況は「大まかな内容は伝達できるが、くわしい内容は伝達できない」に該当する

3 ほとんど伝達できない

ケース	選択理由
●認知症があり、「痛い」「何か食べたい」等限定された内容のみ伝達できる	●限定された内容のみ伝達できる場合は、「ほとんど伝達できない」と評価する
●高次脳機能障害があり、日頃介助者の指示が通じないが、まれに指示が通じて返答したり、指示に従うときがある	●日頃は伝達できないが、まれにできるときがある場合は該当する
●精神科病院入院中で、内服薬の副作用で舌ジスキネジアがあり、しきりに舌を動かしている。そのため、いつも発語が不明瞭で言っていることは部分的にしかわからない	●いつも部分的にしかわからない、部分的にしか伝達できない場合は該当する

● 尿意の訴え以外に意思表示がほとんどなく、声がけと意思の確認が必要	● 自発的に話すかどうかは含まれないが、①いつも伝えられる状態ではない、②伝える内容に制限がある場合は「ほとんど伝達できない」に該当する

4 できない

ケース	選択理由
● 入院中でベッド上生活。いつも目を閉じており発語もない。家族が毎日来ており、対象者の名前を呼ぶと稀に「はい」と返答するときがある	● 呼名に返答することをもって意思の伝達ができるとはいえない。また頻度から「できない」を選択する
● いつも目を閉じているが、声がけすると目を開けて笑顔を見せたり、名前を呼ぶと頷く等の反応を見せるときが1日に何度かある	● 問いかけに対して意思を伝えているとはいえない
● 失語症があり、話しかけに対して毎回「あー」「うー」と言って反応するのみである	● 「あー」「うー」のみでは、肯定か否定か判断できず、意思の伝達ができるとはいえない
● 入院中で、意識レベルの低下がある。調査の際は声がけに対してまったく反応がなかったが、日頃ケアの際に身体を動かすと「痛い」等と言うときがある	● 刺激に対して反応している場合は、意思の伝達ができるとはいえない

3-2 毎日の日課を理解（能力）

調査項目の定義

「毎日の日課を理解する」能力を評価する項目です。

　ここでいう「毎日の日課を理解」とは、起床、就寝、食事等のおおまかな内容について理解していることです。厳密な時間、曜日ごとのスケジュール等の複雑な内容まで理解している必要はありません。

選択肢の選択基準

1 できる

● 質問されたことについて、ほぼ正確な回答ができる場合をいう。

2 できない

● 質問されたことについて正しく回答できない、あるいは、まったく回答できない場合をいう。回答の正誤が確認できない場合も含まれる。

選択の際の留意点

● 自発的に行動しているかは含まれません。日頃行われていることの内容や時間などについて大まかに理解しているかで評価します。
● 対象者から直接聞き取りしますが、「何もしていない」などと答える場合があるため介助者からの聞き取りが必要です。
● 曜日ごとの細かいスケジュールの内容まで理解している必要はありませんが、平日は毎日訪問や通所系サービスを利用しているような場合に、サービスを利用している認識がない場合は「できない」と評価するのが妥当です。
● 日課を覚えられないためにメモしたものを見て行動している場合は「できる」と評価します。

ポイント

● 日頃どんなことをして過ごしているかの認識、時間の感覚があるかがポイントです。

● 食べる食事が朝食なのか昼食なのかわからない場合などは「できない」と評価します。

● いつも決まった時間にしていることを認識しているかどうかもポイントです。毎回介護者が声がけや誘導をする必要がある場合は認識しているとはいえません。

● 対象者が認知症で施設入所や入院している場合は、「毎日ここに泊まっているんですか？」と質問するのも1つの方法です。

1 できる	
ケース	**選択理由**
● 週2回デイサービス利用していることは理解しているが、利用している曜日は覚えていない。自宅での1日の大まかな流れや過ごし方は答えられる	● 曜日ごとのスケジュール等、複雑な内容までを理解している必要はない
● 失語があり質問には回答できない。日頃見当識障害があり場所や状況の理解ができないが、時計を見て食事に出てきたり部屋に戻ったりしている	● 理解できているか判断がつかない場合でも、時間の感覚があり、自発的に行動している場合は「できる」と評価する
● 1日の過ごし方を聞くと、時間と内容を答えることができた。家族の話では答えた時間と実際の時間は1時間程違うとのこと	● 厳密な時間まで理解をしている必要はない
● 週4回デイサービス利用している。本人はデイサービスに行くことを「仕事に行っている」と言うが、デイサービスでの大まかな内容は答えられる	● 目的を理解できていない場合でも、1日の過ごし方等の内容が理解できていれば「できる」と評価する
● 現在、入院中で毎日リハビリしているが、質問すると何もしていないと答える。しかし食事時間や1日の過ごし方等はおおむね答えることができる	● 物忘れがあり、自分が何をしたか覚えていない場合でも、時間の認識があり、行動できている場合はできると評価する

❷ できない	
ケース	選択理由
● 質問には答えられず、日頃も声がけや誘導がないと無為に過ごしている	● 調査時の状況と、日頃の状況から選択する
● 若年性アルツハイマー病で、調査時の質問には大まかに答えたが、日頃自立的な生活ができず、その都度家族に声がけされ生活している状況。何かやってもすぐ忘れてしまい食事したかどうかもあいまいである	● 大まかには答えているが全体像から理解しているとは言い難く、認知機能の調査項目であることから「できない」を選択した
● 現在、入院中で、自分がいる場所を聞くと「ここは病院だ」と答え、日中の過ごし方もおおむね正答する。しかし入院している認識はなく、毎日夕方には自宅に帰っていると言う	● 部分的に正答できても、入院していることを理解できていない状況は、毎日の日課を理解しているとはいえない
● 質問には妥当に返答したが、日頃から時間の感覚が曖昧で、昼食後には「寝るにはまだ早い時間か?」等と毎回家族に聞いてくる	● 日頃から朝夕の区別がついているとはいえない場合は「できない」を選択する
● 1年以上前から週3回デイサービスを利用している。起床、食事時間等は無難に返答したが、デイサービスに行っていることは理解しておらず、毎日どこにも行かずに家にいると言う	● 生活の一部となっているデイサービス利用を理解していない状況は、毎日の日課を大まかにも理解しているとはいえない
● 日課を聞いたが答えられない。毎日居眠りしながら過ごしており、居眠りから目が覚めるたびに朝だと思い、そのたびに仏壇の前でお経を唱えている	● 目が覚めるたびに朝と思って行動する状況は時間の感覚がないと考え、「できない」と評価する

3-3 生年月日や年齢を言う（能力）

調査項目の定義

「生年月日や年齢を言う」能力を評価する項目です。

ここでいう「生年月日や年齢を言う」とは、生年月日か年齢かのいずれか一方を答えることができることです。

選択肢の選択基準

1 できる

● 質問されたことについて、ほぼ正確な回答ができる場合をいう。

2 できない

● 質問されたことについて正しく回答できない、あるいは、まったく回答できない場合をいう。回答の正誤が確認できない場合も含まれる。

選択の際の留意点

● 生年月日は実際と数日のずれは「できる」とします。なお「数日」の具体的な定めはないため、ずれがある場合は実際の答えと選択した根拠を特記事項に記載します。
● 年齢は2歳までの違いは「できる」とします。

ポイント

● 失語症などで口頭で回答できないが筆談の準備もないときは、生年月日を聞くようにします。そしてあえて違った月日を言ってそれを訂正できるかを見るのも1つの方法です。

1 できる	
ケース	選択理由
● 生年月日は正答したが年齢は答えられない	● どちらか正答できれば「できる」とする
● 生年月日は2日違っており、年齢は5〜6歳違って答える	● 生年月日について、数日間のずれのため正答できたと判断する
● 質問したときは生年月日を答えられず、年齢も10歳違って答えたが、調査終了ごろに生年月日を思い出して正答できた	● 調査は非日常的な出来事であり、即答できない場合があるため調査時間内に正答できた場合は「できる」を選択する

2 できない	
ケース	選択理由
● 生年月日の生年は答えられないが、月日は合っている。年齢は30歳若く答える	● どちらも正答できないと判断する
● 干支で答え正答だったが、年齢、生年月日は答えられない	● 干支は答えに該当しない
● 生年月日は答えられない。年齢は88歳だが「80代後半」と答えた	● 具体的な年齢が言えない場合はできないと評価する。生年月日は時間が経過しても変わらないが、年齢は毎年加算されていくので記憶力のほかに計算力が必要になる。生年月日が答えられない場合に年齢を正答できるケースは少ない
● 失語があり自分からは答えられないが、調査員の質問には頷く反応がある。調査員が実際の生年月日を言っても違う日にちを言ってもどちらも頷く	● 回答の正誤が確認できない場合は「できない」と評価する

3-4 短期記憶（能力）

調査項目の定義

「短期記憶」（直前に何をしていたか思い出す）能力を評価する項目です。

ここでいう「短期記憶」とは、面接調査日の調査直前にしていたことについて、把握しているかどうかのことです。

選択肢の選択基準

1 できる

● 質問されたことについて、ほぼ正確な回答ができる場合をいう。

2 できない

● 質問されたことについて正しく回答できない、あるいは、まったく回答できない場合をいう。回答の正誤が確認できない場合も含まれる。

選択の際の留意点

● 調査直前から1〜2時間ぐらい前のことを覚えているかを確認し選択しますが、質問に対する返答のみでの選択は行わず、介護者や家族から普段の様子を聞き取り、より頻回に見られる状況から選択します。
● 短期記憶と4群の「ひどい物忘れ」の相関はありますが、定義が異なる点に留意してください。
● 「何をしていたのか」がわかればよく、「どんな内容であったか」を聞いてその正誤で判断するものではありません。

ポイント

● 訪問時の質問で確認が難しい場合や、普段の様子を知る同席者がいない場合は「3品テスト（次ページ参照）」を用いて評価することが推奨されています。

3品テスト

　関連のない物3品を提示し、何であるかを説明しながら覚えてもらい、これらを見えない所にしまいます。そして「あとで何があったかを答えてもらいます」と話をします。

　そのあとは別の項目の質問などを行い、5分以上経過してから、先に提示した3品のうち2品を出し、出ていないものが何であるかを答えてもらいます。

　なお、視覚的に把握できない場合は、3つの物を口頭で説明するなど、調査対象者に質問の内容が伝わるように工夫して行います。また、提示してから時間が経ちすぎるとテストとしての意味が薄くなるので5～10分以内で答えてもらうようにします。

〈3品テストのポイント〉
提示するものは3品とも関連のないもので、かつ対象者が理解できるものとします。携帯電話、スマホなどは使わないほうがよいでしょう。ちなみに私は　①おもちゃの魚、②消防車（トミカ）、③鍵（南京錠）を使用しています。また、ヒントは出さないこととします。

1 できる

ケース	選択理由
●直前に何をしていたかは正答し、2時間ほど前に昼食を食べたことも覚えているが食事の献立は覚えていない。日頃1～2時間前のことがわからないことはないと家族から聞き取る	●何をしていたかを答えることができるかで判断する。献立まで正答する必要はない
●調査の1～2時間前の行動は答えることができたが、調査前日に受診したこと等は覚えていない	●短期記憶ができないことと物忘れは同一ではない。直前～2時間くらい前の記憶で選択する
●調査時は直前のことを正答し、日頃も直前のことを忘れることは少ない。しかし大事なことをメモして貼っておいても、貼ってあることを忘れてしまう	●直前から2時間くらい前の記憶で評価し、時間が経つと忘れる場合は該当しない

●調査直前のことは正答できた。毎日自分で米を研ぎ、炊飯器のタイマーをセットしているが、30分後にはセットしたことを忘れて夫に「米研いだっけ?」と聞いてくることが週に1〜2回ある	●一定期間においてより頻回な状況で選択する

② できない

ケース	選択理由
●調査直前のことは大まかに正答したが、日頃からついさっき自分で言ったことや自分のとった行動を忘れていると家族から聞き取る	●一定期間内のより頻回な状況で選択する。実際の調査では質問に対して無難に返答する場合が多いので日頃の状況の確認は必須
●普段の様子を知る同席者がおらず3点テストを行い、正答できなかった	●日頃の状況の聞き取りができない場合や、調査の際の回答が正しいか判断できない場合は3点テストで判断し、その状況を特記事項に記載する
●調査時は直前のことを正答したが、日頃は日にちや曜日を忘れ、家族に繰り返し何度も聞いてくる	●直前に聞いたことを忘れて同じ質問をしている場合は該当する
●日頃は食事したことや、薬の内服を忘れることはない。しかし電話や来客の対応をすると数十分後には内容はもちろん対応したことも、あいまいになる。そのため家族からは電話に出ないように言われている	●習慣的な行為は忘れずにできている場合でも、ついさっきの行動を覚えていない場合はできないと評価する

注意!

①「できない」を選択し、特記事項に「直前のことは覚えているが数時間経つと忘れてしまう」と記載があるケース。短期記憶とは直前〜2時間前の記憶を指していることを理解して判断するべきです。
②能力項目と有無の項目とでは判断基準が異なる点に注意してください。

3-5 自分の名前を言う（能力）

調査項目の定義

「自分の名前を言う」能力を評価する項目です。

ここでいう「自分の名前を言う」とは、名前を聞かれて自分の姓もしくは名前のどちらかを答えることです。

選択肢の選択基準

1 できる

● 質問されたことについて、ほぼ正確な回答ができる場合をいう。

2 できない

● 質問されたことについて正しく回答できない、あるいは、まったく回答できない場合をいう。回答の正誤が確認できない場合も含まれる。

選択の際の留意点

● 旧姓でも正しく答えることができれば「できる」と判断します。
● 身振り手振り、呼名への返答など理解していることがわかればできると判断します。

ポイント
● 発語がなく、質問に対して頷くなどで反応している人の場合は、あえて違う名前で呼びかけて否定するかで判断することを勧めます。

① できる

ケース	選択理由
● 現在施設入所中。調査時は返答がなく判断できなかった。日頃から会話や妥当な返答はできないが、呼名にはいつも「はい」と返答していると聞き取る	● 一定期間内でのより頻回な状況で選択する
● 姓では返事しないが、名前を言うと返事をする	● 姓、名前どちらかでも答えることができれば「できる」と評価する
● 失語症がある。名前を聞くと傍らにあった自分の杖に書いてある名前を指さした	● 身振りから理解していることが確認できる
● 調査の際は起きており、呼名に返答した。日頃ベッド上生活で寝ているときが多く、声がけしても反応がないときが多いが、覚醒しているときは名前を呼ぶと返答するとのこと	● 覚醒しているときの状況で評価する

② できない

ケース	選択理由
● 自分の名前を答えることはできないが、名前を呼ばれると顔を上げて呼んだ人の顔を見る	● 呼名に返答する、または頷く行為がある場合「できる」と判断するが、顔を上げるのみでは正誤の確認ができないため「できない」と評価する
● 精神状態に波があり、調子がよいときは呼名に返答するが、調子が悪いときは何の反応もない。調査の際は返答したが、日頃は反応がないときが多いとのこと	● 調査日の状況と日頃の状況が異なる場合は、一定期間内のより頻回な状況で選択する

3-6 今の季節を理解する（能力）

調査項目の定義

「今の季節を理解する」能力を評価する項目です。

ここでいう「今の季節を理解」とは、面接調査日の季節を答えることです。

選択肢の選択基準

1 できる

● 質問されたことについて、ほぼ正確な回答ができる場合をいう。

2 できない

● 質問されたことについて正しく回答できない、あるいは、まったく回答できない場合をいう。

● 回答の正誤が確認できない場合も含まれる。

選択の際の留意点

● 旧暦の季節でも理解できていれば正答とします。

● 暦が旧暦から新暦に変更されたのは明治6年で、旧暦は明治43年には完全に官暦としては使用されなくなりました。現在存命の人はすべて新暦の教科書で習っていることになります。

● 季節に多少のずれがあっても正答と判断します。

ポイント

● 季節を理解しているかで判断しますが、月日の理解があるかを参考にするので、季節の質問の前に今の月日または今何月かを聞くことを勧めます。今の月がわからず季節を正答する場合は、なぜそう思うかを聞いてみましょう。

ただし、理由が答えられなくても正答している場合は「できる」を選択することになります。

❶ できる

ケース	選択理由
● 9月初めの調査で、月日は答えられないが季節は「夏」と答える。なぜ夏と思うかを聞いても答えられない	● 季節に多少のずれがあっても正答とする。また季節の判断理由までは問わない
● 今が1月であることは理解している。季節を問うと「今は寒だね」と言う	● 季節に関連した返答で、理解できると判断する
● 質問直後は当日の月日と季節を答えられなかった。その後、壁に掛かっているカレンダーを見て、月日と季節を正答した。カレンダーには季節のヒントになるものはなかった。家族は対象者が日頃季節を理解しているかどうかは判断できないと言う	● カレンダーには一般的に季節は記載されておらず、また月日を問う項目ではないために「できる」と判断する

❷ できない

ケース	選択理由
● 季節の返答はなく、こちらから「春、夏、秋、冬のいずれですか?」と問うと、すべてに「ハイ」と返答する	● 回答の正誤が確認できない場合は「できない」を選択する
● 11月の調査で、今の月は答えられないが、季節は秋と答える。なぜ秋と思うかを問うと「秋が好きだから」とのこと	● 季節を判断する合理的な理由がない場合は理解しているとはいえない
● 7月の調査で「今は9月で季節は秋、これから寒くなる」と答える	● 旧暦で答えているわけではないことから「できない」と評価する
● 脳疾患があり発語はないが、簡単な問いかけには頷いたり首を振る反応はある。季節について問いかけても反応はなかった	● 理解できるか判断できない場合は「できない」と評価する

調査項目の定義

「場所の理解」（自分がいる場所を答える）に関する能力を評価する項目です。

ここでいう「場所の理解」とは、「ここはどこですか」という質問に答えることです。

選択肢の選択基準

1 できる

● 質問されたことについて、適切に回答ができる場合をいう。

2 できない

● 質問されたことについて適切に回答できない、あるいは、まったく回答できない場合をいう。

選択の際の留意点

● 住所や施設名、病院名を理解している必要はありません。
● 施設入所している人の場合、自分の家でないことは理解していても「施設」という表現ができない場合があります。この場合、自宅以外の建物であることを理解していれば「できる」と判断します。
● 今いる場所についていろいろな表現が考えられますが、判断に迷ったときは、今いる場所は自分の家（自宅）か、それとも自分の家ではないのかを理解できているかで選択します。

ポイント

● 施設入所者に「家に帰りたい」との帰宅願望がある場合、それをもって今いる所が自宅ではないと理解しているとは判断できません。対象者にとっての「家」が生家や嫁ぐ前の実家である場合があるため確認が必要です。

⬛1 できる

ケース	選択理由
●調査時は施設入所中であることは理解できていたが、職員の話ではときどき自宅にいると勘違いしていることがあるとのこと	●調査当日の状況と、おおむね過去1週間内でのより頻回な状況で選択する
●施設入所中で、自宅でないことは理解しているが施設という認識はなく「病院」と答える	●施設と病院の区別がつかない場合でも、何らかの施設であることが理解できれば「できる」を選択する
●高次脳機能障害があり入院中。失語症があり答えられなかったが、看護師の話では入院している認識はあるとのこと	●調査の際に回答できない場合でも、一定期間内のより頻回な状況で選択し、選択した根拠を特記事項に記載する
●施設入所中で、「ここは集まって体操するところ」と答え、自宅ではないと言う	●何らかの施設であり、自宅でないことを理解していれば「できる」を選択する

⬛2 できない

ケース	選択理由
●施設入所中で、ここは自宅ではないようだが、病院でも施設でもない、と言って周りを見渡している	●自宅か何らかの施設かの理解ができているとはいえない
●3か月前に一戸建ての自宅からマンションに越して来た。現在いる所は退職した前の会社の出張所だと思っている	●場所の理解ができているとはいえない
●現在入院中で、今いる場所は「病院」と答えたが、看護師の話では、日頃から息子の名前を呼んで周りを探しており、ここを自宅だと思い込んでいる様子とのこと	●調査時の状況と日頃の状況が異なる場合は頻回な状況で判断する。この場合は日頃自宅にいると認識している様子から「できない」を選択する

3-8 徘徊（有無）

調査項目の定義

「徘徊」の頻度を評価する項目です。

　ここでいう「徘徊」とは、歩き回る、車椅子で動き回る、床やベッドの上で這い回る等、目的もなく動き回る行動のことです。

選択肢の選択基準

1 ない

● 徘徊が、過去1か月間に一度も現れたことがない場合やほとんど月1回以上の頻度では現れない場合をいう。

● 意識障害、寝たきり等の理由により、徘徊が起こりえない場合も含まれる。

2 ときどきある

● 少なくとも1か月間に1回以上、1週間に1回未満の頻度で現れる場合をいう。

● 定義に示した行動のいずれか、1つでもある場合も含まれる。

3 ある

● 少なくとも1週間に1回以上の頻度で現れる場合をいう。

● 定義に示した行動のいずれか、1つでもある場合も含まれる。

選択の際の留意点

● 意思表示がなく、また周囲から見ても目的がわからない状態で動き回る行動が該当し、「○○に行きたい」「○○に帰りたい」等の意思表示や目的がある場合は4群の精神・行動障害で評価します。

● 第3群は認知機能の程度を評価する能力項目群ですが、「徘徊」「外出すると戻れない」の2項目は認知症の行動障害の有無を評価する「BPSD関連」項目となっています。そ

のため、ほかの項目とは選択肢の選択基準が異なる点に注意が必要です。

ポイント

●徘徊は「目的もなく動き回る行為」とされていますが、当の本人は目的の場所があってそこに行く途中だったり、目的の場所がわからなくなっている状態であったりします。そのため徘徊の判断基準としては「介護者や周囲の人から見て、その行動が場面や目的から見て適切かどうか」で判断するのが妥当です。

1 ない	
ケース	**選択理由**
●必要もないのに、箪笥から服を出したりしまったりする行為が毎日ある	●動き回る行為がない場合は該当しない。状況を特記事項に記載する
●妻との2人暮らしで、妻が留守のときに1人で目的もなく外を歩き回っていたが、玄関の鍵を掛けるようにしたため現在歩き回ることはない	●予防策をとった場合はその結果で評価し、状況を特記事項に記載する
●昼夜関係なく1人で外へ出て行くが、行く場所が決まっており、いつも目的の場所に行くとそこから引き返してくる。そのため家族は引き止めることはしていない	●目的の場所があり、そこに行く場合は徘徊とは評価しない
●免許証を返納し、乗っていた自家用車も廃車にしたが、そのことを理解できていない。「車が駐車場にない」と言って近くのスーパーの駐車場に毎日のように自分の車を探しに行く	●行動や場所に目的がある場合は徘徊とは評価しない
●現在施設入居中だが、入居して日が浅く施設のどこに何があるか理解できていない。そのためトイレに行こうとして施設内をウロウロしているときがある	●目的の場所がわからずにウロウロしている場合は徘徊とは評価しない

2 ときどきある	
ケース	選択理由
● 家族が目を離すと外に出ようとするためにその都度家族が制止している。それでも家族の目を盗んで近所をぶらぶらしていることが月に2～3回ある	● 頻度から選択する
● 幻視があり、「子供の姿が見えたので捜している」と言って廊下をウロウロしていることが月に2～3回ある	● 捜すという目的がある行動だが、目的が非現実的で適切な行動とはいえない状態は徘徊（はいかい）と評価するのが妥当

3 ある	
ケース	選択理由
● 家の中を意味もなく歩き回ることが日常的にある	● 自宅や自室内を目的もなく歩き回る場合は該当する
● ベッド上生活だが落ち着きがなく、寝ながら手を上げて何か書くような仕草をしたり、ベッドに横に寝たり逆向きになる等の行動が頻繁にある	● ベッド上であっても、目的もなく動き回る場合は該当する
● 「○○に行く」との意思表示なく家族がいない間に出かけることが週に1～2回ある。たいてい自宅から1km程離れた神社に行き手を合わせて戻ってくるが、戻らないために家族が神社に捜しに行っても見つからないことがたびたびある	● 目的があって出かけている状態でも、どこに行くか予測がつかない場合は徘徊に該当する

3-9 外出すると戻れない（有無）

調査項目の定義

「外出すると戻れない」行動の頻度を評価する項目です。

選択肢の選択基準

1 ない

● 外出して1人で戻れないことが、過去1か月間に一度も現れたことがない場合や、ほとんど月1回以上の頻度では現れない場合をいう。

2 ときどきある

● 少なくとも1か月間に1回以上、1週間に1回未満の頻度で現れる場合をいう。

3 ある

● 少なくとも1週間に1回以上の頻度で現れる場合をいう。

選択の際の留意点

● 外出に限らず、自室や居住棟から出て元の場所に戻れなくなる行動も含みます。
● 歩行できない、視力障害など身体的理由で戻れない・誘導されている場合は該当しません。

ポイント

● 目的の場所に行けないことではなく、外出した際や施設などにいて自宅や自室など「いつもいる場所、もともといた場所」に戻れない場合が該当します。

1 ない	
ケース	選択理由
● 妻が外出しているときに1人で出かけ、戻れなくなることがたびたびあったが、現在は妻が外から玄関の鍵を掛けて出かけており、対象者が1人で外に出ることはない	● 予防策をとったことで自宅から1人で出ることがなく、過去1か月間自宅に戻れない行動がない場合は「ない」を選択し、状況を特記事項に記載する
● 散歩を兼ねて自宅から1km程離れた娘の家に週1〜2回1人で歩いて行く。いつも同じ道を行くので往復迷うことはないが、違う道だと迷ってしまう。ここ1か月では迷っていない	● 過去1か月間に現れていない場合は「ない」と評価する
● 施設入所中で、自力歩行できないために施設内は車椅子を押す介助を受けて移動している。食後等にホールから自室に戻る際は「私の部屋はどこだっけ?」と毎回介助者に聞いてくる	● 自分で移動できない場合は該当しない
● 週3回デイサービスを利用しており、そこではテーブル席の場所がいつも決まっている。対象者は一旦席を立つと自分の席に戻れなくなる	● 該当するのは「自宅へ戻れない」「入院、入所中で自室に戻れない」「自宅で自室に戻れない」行動であり、テーブル席の場合は該当しない

2 ときどきある	
ケース	選択理由
● 1か月前から入院中で、日中は自室に戻れるが夜間トイレに行って自室に戻れなくなることが月に2〜3回あり、その際は看護師に誘導されている	● 時間帯での評価ではなく、戻れない行動の頻度で選択する

●家族の遠位見守りで自宅敷地内を散歩する。散歩中に、自宅の白い軽トラックと似た車が走っているのを見るとそれを追いかけていくことが月に2～3回ある。途中で見失い、戻れなくなるために家族が迎えに行っている	●目的をもった行動のため徘徊ではないが、自宅から離れると戻れない状態は該当する
●グループホームに入居中で、日頃は居室に戻れているが、月1回家族と外泊すると戻った日は部屋がどこかわからなくなり誘導されている	●毎回同様の状態であれば該当する
●小規模多機能の連泊を6か月前から利用している。自室にいるときは、トイレの場所などはわかるが、フロアに出てしまうとどこに何があるかわからなくなり職員が誘導している	●見当識障害があり、状況によっては目的の場所がわからなくなる、自室に戻れなくなる場合は該当する

3 ある

ケース	選択理由
●施設入所中で車椅子を自走している。自室のあるユニット内では自室に戻れるが、ユニット外に出ると戻れなくなり職員に誘導されることが週に1～2回ある	●施設の居住棟から出て自室に戻れない場合は該当する
●施設入所中で、1人ではホールや食堂から自室に戻れないので毎回職員に誘導されている	●戻れないという状態が継続しているために毎回誘導が行われていると判断して「ある」を選択する

第4群 精神・行動障害
[有無で評価する項目]

> この群はBPSD関連項目で、認知症に伴う周辺症状に関する項目です。
> この群の評価軸は、すべて有無となり、当該行動があったか、なかったか
> という事実が評価の基準となります。

■ 調査の際のポイント

- 認知症に伴う周辺症状（BPSD）が対象です。認知症のほかにも認知症の疑い、精神疾患、脳血管疾患、その他精神症状を伴う疾患等によるBPSDが該当しますが、項目の中にはもともとの性格や以前からの生活習慣の場合は該当しないものがあります。しかし、認知症等では以前からの性格が尖鋭化し顕著になる場合があるため、場面や目的から見て不適切な行動かで判断します。
- 事前にBPSD関連の行動があることが予測できる場合は、対象者から直接聞き取りを行う前に、介護者または家族等に聞き取りの場所や、聞き取りに際し対象者の同席がふさわしいか等を確認し、状況にあった対応をとります。
- 聞き取りに際しては、プライバシーに配慮するとともに、対象者と家族に不愉快な思いを抱かせないために言葉遣いや聞き方に注意しましょう。

■ 選択のポイント

- 調査日からおおむね過去1か月間の状況でこれらの行動がどの程度発生していたか、その頻度で選択します。また、該当期間内に入退院、入退所など環境に大きな変化があった場合は、現在の環境でその行動が現れたかで選択します。
- 問題行動を防止するための対応がとられ、それによって当該行為が起きていない場合は「ない」と評価しますが、センサーなどで検知され、その都度対応して未然に防いでいる状況は「ある」と評価します。
- 項目の定義に含まれないBPSDがある場合は、関連した項目の特記事項に状況を記載し「定義に含まれないため特記のみとする」などと記載します。

- 「4-12ひどい物忘れ」の場合は、その物忘れによって対象者本人や周囲の者に何らかの行動が発生しているか、行動をとらなければならない状況かで判断します。

■ 特記事項記載のポイント

- BPSD関連においては、その有無と頻度だけでは介護の手間が発生しているかどうかの判断はつかないため、二次判定で介護の手間を適切に評価するために、その行動によって発生している介護の手間を特記事項に記載します。また介護者が特に対応していない場合等についても特記事項に記載します。
- 予防的対応を含め「ない」を選択した場合でも、それにかかわる介助の手間が発生している場合は、手間と頻度を特記事項に記載します。

選択肢の選択基準

1 ない

- その問題となる行動が、過去1か月間に1度も現れたことがない場合やほとんど月1回以上の頻度では現れない場合をいう。
- 意識障害、寝たきり等の理由により、その問題となる行動が現れる可能性がほとんどない場合も含まれる。

2 ときどきある

- 少なくとも1か月間に1回以上、1週間に1回未満の頻度で現れる場合をいう。

3 ある

- 少なくとも1週間に1回以上の頻度で現れる場合をいう。

表4 ●精神・行動障害の凡例

項目	該当する行為	ポイント
被害的	●被害的な思い込みまたは考え（物盗られ、特別な扱いを受けている等）	―
作話 （さくわ）	●事実と違う話、誇張 ●記憶障害による間違った発言 ●思い込みまたは妄想（もうそう） ●取り繕い	悪意の有無、周囲に言いふらすかは問わない。幻視・幻聴については保険者に確認
感情が不安定	●感情失禁 ●悲観的言動や高揚状態（うつまたは躁うつ状態） ●易怒性、易刺激性（些細なことで怒る、不機嫌になる） 注意：うつ、躁うつ状態は病態としては気分障害に該当するが、気分障害と認知症の区別は困難なためこの項目で評価	①場面・状況にそぐわない、②度を越している、③長く続く、④唐突に行動する ①〜④のいずれかの状態で場面から見て不適切な状態
昼夜逆転	●通常は日中に行うべき行動を夜間行うため、寝不足で日中活動できない ●夜間に行動は起こしていないが、何度も目覚めるために寝不足で日中活動できない	環境や単に眠れない、トイレのために何度も起きる場合は該当しない。夜間の行動が日中または翌日に影響しているか否かで評価する
同じ話をする	●聞かれてもいない話を繰り返す ●同じ質問を繰り返す	1日のうちに同じ話を繰り返しすることがあるかで判断
大声を出す	●場面や目的から見て不適切な大声 ●大きな声で怒る ●叫ぶ ●奇声を発する	以前からの性格や難聴で大声を出している場合は該当しない
介護に抵抗	●手を払いのける ●何かにつかまり動かない ●逃げ回る ●食事介助されたものを吐き出す ●介助に対して暴言・暴行がある	●拒否、助言に従わない、聞き取れないため抵抗する場合は該当しない ●「頑として拒否する」場合は状況で判断

項目	該当する行為	ポイント
落ち着き なし	●「○○に帰りたい」「○○に行きた い」等の目的があり、意思表示と 落ち着きのない状態の両方がある	帰宅願望からの行動が該当。周囲か ら見て目的がない、目的がわからな い状態で行動している場合は「徘 徊（はいかい）」に該当
1人で 出たがる	●目的なく外に出ようとする行為。 対策を講じたことで外に出ること がない場合、歩けない場合は該当 しない	実際に外に出るかは問わない。対策 を講じても対応が必要な状態は該当 する
収集癖	●物を集めているが、集める物や量 が不適切 ●他人の物や施設等の備品を勝手に 持って行く	収集するのは内外を問わない。明ら かに周囲の状況に合致しない、度を 越している、趣味の域を超えている 状態が該当する
物や衣類を 壊す	●意図的に物や衣類を壊す ●紙オムツを破く ●捨てる必要のない物を捨てる、ま た、そうしようとする	意図的に壊したのではなく、結果的 に壊れた場合は該当しない
ひどい 物忘れ	●物忘れがあり、それに起因する行 動がある、あるいは周囲の者が何 らかの対応をとる必要がある場合 が該当	実際に対応がとられているかは問わ ない
独り言、 独り笑い	●意味なく同じ言葉を繰り返す ●意思疎通できない人やTV等に向 かって話す ●突然歌い出すなど	相手がいても独語（どくご）と判断した場合は 状況記載。以前からの癖は該当しな い
自分勝手に 行動する	●規則や指示を守らない ●家族の注意を聞かない ●危険行為をする ●パワハラ、セクハラ ●異食行為および不潔行為	基本的にマナー違反、顰蹙（ひんしゅく）を買う行 為は該当しない
話がまとま らない	●無関係な話をする ●話が横道に逸れる ●非現実的、整合性に欠ける	「3-1意思の伝達」が「できない」場 合は該当しない

物を盗られたなどと被害的になる（有無）

調査項目の定義

「物を盗られたなどと被害的になる」行動の頻度を評価する項目です。

ここでいう「物を盗られたなどと被害的になる」行動とは、実際は盗られていないものを盗られたという等、被害的な行動のことです。

選択の際の留意点

●妄想か否かを問わず、「物を盗られた」「自分の食事だけがない」「誰かに狙われている」等被害的な考えや行動があるかで選択します。

●悲観的な考え、不安などは該当しません。

ポイント

●具体的な相手がある場合が該当し、「ここに置いていたのにない」などは該当しません。

●被害的な発言の多くは事実と違っており、作話にも該当するものがあります。しかし被害的発言すべてが作話ではありません。

たとえば、病院で検査などのために当日の朝食が出なかったとします。それに対して「私だけ食事を食べさせてもらえなかった」と言っている場合、「被害的になる」には該当しますが、実際に食事が出なかったわけですから「作話」には該当しません。実際には食事を食べているのに食べさせてもらえなかったなどと言っている場合は「作話」に該当します。

1 ない	
ケース	選択理由
●以前から物事を否定的に考え、他人に対する批判が多い。またカーッとなりやすい性格のため周囲は気を遣っている	●否定的な考えであっても被害的な言動がなければ該当しない

● 保険証がない、診察券がない等「ここに置いたはずなのにない」と言って興奮することが月に2〜3回ある	● 加害者や相手が存在しない場合は、被害的言動には該当しない
● 最近は物忘れがひどく、以前趣味でしていたパッチワーク等も興味がなくなった。自分は認知症だといつも嘆いている	● 心気症状があり悲観的だが、被害的になっているとはいえない
● 嫉妬妄想があり、夫に「若い頃によその女と会っていた」等と言うため夫と口論になる	● 大きな意味での被害妄想だが「物を盗られた等と被害的になる」には該当しない
● 1か月前から入院中。入院翌日に不穏になり「隣の人に見張られている」と訴えたことが1回あった。被害的な発言はこの1回だけでそれ以降はない	● 1回のみ行動があったが、現在の状況ではその行動は現れないと判断した場合は「ない」を選択する

2 ときどきある

ケース	選択理由
● 2週間前に、誘われたわけではなく自分から近所のお宅を訪ねた際、家人が「今、お茶の葉を切らしていて」と言ったひと言に対し、「あんたにはお茶を飲ませられないと言われた」と立腹して帰って来たことがある	● 場面から見て不適切な行動で、被害的言動に該当すると考える
● 施設入所中で、自分の思い込みで「他の入所者が私を馬鹿にしている」「私を邪魔者扱いする」と施設職員に訴えることが月に2〜3回ある	● 思い込みによる被害的な言動は該当する
● 物忘れが顕著だが、自分の認知機能は年齢相応だと思っている。そのため医師の認知症検査に不機嫌になり、家族が医師と話していると勝手に治療の話を進めていると思い反発する	● 不本意な診断がされる、不必要な治療を受けさせられるという被害的な考えがある

●訪問介護を週2回利用している。ヘルパーが部屋を片付けると「あの人たちが来るたびに部屋の物がなくなる」と毎月訪問する担当ケアマネージャーに訴える	●片付けたことを盗られたと勘違いしている状態で、被害的な考えは毎週あると思われるが、被害的な発言は月1回のため「ときどきある」を選択する

❸ ある	
ケース	**選択理由**
●現在夫と有料老人ホームに入居中。本人了解のもと入居したにもかかわらず、周囲に「嫁に騙されてここに入れられた」と毎日のように言う	●事実に反した被害的な言動がある。この場合は作話にも該当する
●嫉妬妄想があり、夫に対し「私がいないときに女と会っている」「私の服がない。女のところに持って行った」等と毎日のように夫を責め立てる	●嫉妬妄想自体は被害的行動ではないが、「服を持って行かれた」という被害的な考えがある
●施設入所中で、しばらく家族の面会がないと、「誰も私のことを心配していない」「私は要らない人間だ」等と嘆くことが週に1〜2回ある	●自分は特別な扱いを受けているとの被害的な言動がある

4-2 作話（有無）

調査項目の定義

「作話」行動の頻度を評価する項目です。

ここでいう「作話」行動とは、事実とは異なる話をすることです。

選択の際の留意点

- 悪意の有無、周りに言いふらすかは問いません。
- 記憶障害による事実と違う発言も含まれます。
- 幻視・幻聴については調査員テキストでは対象にしていません。テキストでは、評価を行わずに具体的な状況や手間を作話か認知症高齢者日常生活自立度の特記事項に記載することになっています。

本書ではアンケート結果などから、幻視幻聴による事実と違う発言を作話としていますが、作話とするかどうかは判断が分かれているため、各保険者に確認することをお勧めします。

ポイント

- 事実と違うことを述べている場合を作話としますが、述べる目的や理由ではなく、話の主旨に着目して判断します。

たとえば施設入所している方が「皆が私を嫌っているので体操のときに呼んでもらえない」と言っている場合、実際には体操の際に声がけしているのに参加していない場合は作話に該当しますが、実際に呼んでもらっていない場合は作話には該当しません。「皆が私を嫌っている」というのは対象者の思い込みで事実と違うかもしれませんが、これは対象者が被害的に考えていることであり作話には当たりません。

1 ない	
ケース	選択理由
●日付・曜日・場所・人の名前などがわからず実際と違うことを言う	●この場合は「3-7 場所の理解」「4-12 ひどい物忘れ」などで評価する
●「膝がザワザワする」「身体の中に何かいるような感じ」等と自分の症状を説明する	●身体症状の表現の仕方は各人に違いがあり、作話には該当しない
●壁に向かって「誰かいる」と言ったり、「子供の泣き声が聞こえる」など、幻覚を伴う行動が週に2〜3回ある	●幻視・幻聴があることだけでは作話には該当しない。それを周囲に話している場合は該当する
●保険証などが見つからず「ここに置いたのにない」と言って探しているが、たいてい違う所から出てくる。このようなことが月に2〜3回ある	●この場合は置き忘れ・しまい忘れであり、作話には該当しない。実際にあるのに「ない」と言っている場合は作話に該当する
●すでに亡くなっている親や兄弟を思い出し、「○○がいないけど、どこに行ったの?」と、今でも生きているかのような話をする	●「亡くなった人と会った・話をした」などと言っている場合は作話に該当するが、この場合は物忘れに該当するもの

2 ときどきある	
ケース	選択理由
●未婚で家族はいないが、施設職員から質問されると妻が自宅にいると返答することが月に1〜2回ある	●言い間違いではなく、事実と違うことを言う場合は該当する
●糖尿病があり食事制限中である。自室にはコーラの空き缶や菓子の空袋があるため家族が注意すると「医師から何も言われていない」と反論する	●事実と違う取り繕いの発言は作話に該当する

●尿失禁し廊下を濡らしているところを対象者に見せて注意すると、自分がしたとは認めず「誰がしたんだ」と怒り出す	●本人に自覚がない、または認めない場合でも、明らかに事実と違う話をする場合は該当する
●若い頃は山が好きで近くの山にはよく登ったとのこと。TVで登山番組を観て、実際には行ったこともないのに「ここに登ったことがある」などと言うときが月に1～2回ある	●この場合は物忘れではなく、記憶障害から思い違いをしている状態で、事実と違うことを言っているため該当する

PART 2 第4群 tab navigation

3 ある

ケース	選択理由
●対象者の姉はすでに亡くなっているが、その認識がなく今でも会って話をしている等と言うことが週に2～3回ある	●記憶障害に伴う非現実的な話は作話に該当する
●現在、入院中だが、入院しているとの認識はなく、「毎日通院している」と聞かれるたびに言う	●記憶障害や認識の間違いにより、事実と違う話をする場合は該当する
●自分から話すことはほとんどなく、相手が話しかけると返答するが、明らかに事実と違う返答をすることが毎日ある	●自ら周囲の人に言いふらす状態でない場合でも、事実と違う話をする場合は該当する
●施設入所中で、妥当な判断での会話ができず、その場の思いつきで返事をする。そのため他の入所者とトラブルになることが週に1～2回ある	●思いつきの発言等で結果的に事実と違う話になる場合は該当する
●幻視・幻聴があり、「部屋に外から人が入ってくる。何人も入って来て話をしているので私のいる場所がなくて困る」などと家族に話す	●幻視・幻聴があり、そのことを事実であるかのように話をしている場合は該当する

PART **2**

第**4**群

精神・行動障害｜4-2｜作話（有無）

PART2　基本調査項目ごとの評価・判断ポイント　　**179**

調査項目の定義

「泣いたり、笑ったりして感情が不安定になる」行動の頻度を評価する項目です。

　ここでいう「泣いたり、笑ったりして感情が不安定になる」行動とは、悲しみや不安等により涙ぐむ、感情的にうめく等の状況が不自然なほど持続したり、あるいはそぐわない場面や状況で突然笑い出す、怒り出す等、場面や目的から見て不適当な行動のことです。

選択の際の留意点

- もともと感情の起伏が大きい、感情的になりやすい性格の場合は含まれませんが、認知症によってそれがより顕著になり、場面や目的にそぐわない場合はその限りではありません。

- 意欲が低下してうつ状態になったり逆に攻撃的になる、また感情のコントロールができず、ちょっとしたことで怒ったり泣いたりする場合なども該当します。

ポイント

- 喜怒哀楽の表出が「場面にそぐわない」「度を越している」「必要以上に長く続く」「唐突に行動する」場合などが該当します。

　特記事項には「興奮する」「感情的になる」などの表現ではなく、喜怒哀楽で表現するようにします。

❶ ない	
ケース	選択理由
● 環境変化や対人関係のストレス等をきっかけに感情不安定を来しやすいが、介護者が事前に告知や、説明をすることでここ1か月間は感情不安定は見られていない	● 対応をとることで感情が不安定になることがない場合は「ない」を選択し、それに伴う介護の手間を特記事項に記載する

● 家族は日中仕事で出かけ、朝8時から夜8時までは対象者1人になる。話し相手もいないために1日が長く感じられ、いつも夕方になると寂しい気持ちになる	● 気分の落ち込みはあるが、度を越しているとはいえない
● 以前からカッとなりやすい性格のため、周囲の人は気を遣っている	● もともとの性格や感情の起伏が激しいことによる行動の場合は該当しない
● 麻痺した足が痛いと大きな声を出したり興奮したりすることが週に1〜2回ある	● 症状に対しての反応や訴えはさまざまであり、場面にそぐわない不適切な行動とはいえない
● 難聴のために、ほかの人が話しているのを自分の悪口と思い込んで怒り、トラブルになることがある	● 難聴が原因である場合は、この状況が不適切な行動とまではいえないため「ない」を選択する

2 ときどきある

ケース	選択理由
● 自分の勝手な思い込みで些細なことで怒り出し、妻を怒鳴ることが月に2〜3回ある	● 易怒性(いど)があり、場面にそぐわない行動の場合は該当する
● 夫との2人暮らしで、1人でいると不安になり、夫が外出して予定時間に帰らないとパニックになる。そのため夫は1人での外出ができない	● 特殊な状況ではないにもかかわらず、不安によってパニックになる状態は度を越していると判断する
● 入院中で重篤な病気でもないのに「もう孫の成長を見ることができない」と言って泣いたり落ち込むことが月に2〜3回ある	● 悲観的言動が度を越していると判断する
● 入院期間が長くなりテーブルの席等にこだわりがある。席は固定になっていないが、いつもの席に他の患者が座っていると怒って相手とトラブルになることが月に2〜3回ある	● 易怒性があり、そのことで他者とトラブルになるような状態は度を越しており、場面から見て不適切と判断する

第2
4群 精神・行動障害 ─ 4-3 ─ 泣いたり、笑ったりして感情が不安定になる(有無)

●夫から物忘れを指摘されると憤慨して口論になる一方、自分が通っているデイサービスの話になると上機嫌になる。もともと感情の起伏が激しい性格だが、最近顕著になっている	●もともとの性格、以前から感情の起伏が激しいことによる行動の場合は該当しないが、もともとの性格が過度に先鋭化し、度を越している場合は該当する

3 ある

ケース	選択理由
●うつ状態の診断あり。現在の自分の心身状況が受容できず、ひどく落ち込み、泣いていることが毎日ある	●気分の落ち込みが度を越していると判断する
●週1回のデイサービスを唯一の楽しみにしており、デイサービス利用中は毎回上機嫌だが、翌日は落ち込んで自室に閉じこもり、話もしなくなる	●気分の落ち込みが度を越していると評価する
●施設入所中で、1人のときや他の入所者と交流しているときに突然笑い出すことが週に2～3回ある	●場面にそぐわない唐突な感情変化は該当する
●施設入所中で、いつも何かに不安があり「家族がここの費用を出さなくなりここから出されるのでは」等と職員に訴えてくる。職員の話では感情が不安定なのではなく、いつも不安で気分も落ち込み自室に閉じこもっているとのこと	●感情の不安定ではなくても、落ち込んだ状態が長く続き、場面から見て不適切な場合は該当する

4-4 昼夜の逆転がある（有無）

調査項目の定義

「昼夜の逆転がある」行動の頻度を評価する項目です。

ここでいう「昼夜の逆転がある」行動とは、夜間に何度も目覚めることがあり、そのために疲労や眠気があり日中に活動できない、もしくは昼と夜の生活が逆転し、通常、日中行われる行為を夜間行っている等の状況をいいます。

選択の際の留意点

● 環境や生活習慣から夜眠れない、単に眠らない場合は該当しません。
● 認知症の周辺症状として評価する項目で、トイレに頻繁に起きる、痛みがある等で熟睡できない場合は日中の行動に影響があっても該当しません。
● 睡眠障害、不眠の有無を評価します。その程度には幅があるために、該当する行為は「日中行われる行為を夜間行っており、そのために日中の活動に支障がある」との判断基準を設けています。
● 夜間行っている行為が周囲に対し迷惑行為であるか否かは問いません。

ポイント
● 単なる夜更かしか夜間不眠かの判断は、日中の生活に支障をきたしているかどうかで判断します。
● 昼夜逆転は、夜間不眠の影響が日中の行動に現れている場合が該当しますが、不眠の影響が現れるのは翌日とは限らないため数日単位で評価します。

1 ない	
ケース	選択理由
● 足の痛みがあって通所サービスを休んでおり、寝たり起きたりの生活。日中寝ているので夜間眠れない状態が続いている	● この場合は単に眠れない状態であり、昼夜逆転には該当しない

ケース	選択理由
●夜11時過ぎてもTVがついており、また、TVをつけたまま寝ているときがある。だが日中は、おおむね同じ時間に起きてくる	●認知症の周辺症状として評価するもので、単に眠れずに夜更かしと判断する場合は該当しない
●視力障害があり明暗が何とかわかる状態。ベッド上生活で、昼夜を問わず介護者に「今何時だ?」と聞いてくる。夜間に行動を起こすことはないが、日中はほとんど寝ており食事のたびに起こす必要がある	●視覚的に時間の感覚に乏しい状態であって、昼と夜の生活が逆転しているとはいえない
●夜間頻尿で夜中に何度もトイレに行くため熟睡できない。そのため翌日は眠気が強くて起きられず、食事を食べなかったり、食事時間が家族とずれたりしている	●夜間の不眠が日中の行動に影響しているが、場面や目的から見て昼夜逆転に該当しない

2 ときどきある

ケース	選択理由
●夜の寝つきが悪く、どうしても眠れずに月に2〜3回夜中に眠剤を服用する。服用後は眠れるが、服用した翌日の午前中は眠気が強くて活動できない	●眠剤服用のいかんにかかわらず、夜間不眠であることと翌日活動できない状態の場合は該当する
●夜間目が覚めて眠れなくなり、夜中にTVを観ている。もともと寝たり起きたりの生活だが、日中眠気が強くて食事のときも起きて来ないことが月に2〜3回ある	●日中行うべき行為を夜間行い、日中の行動に影響している場合は該当する。この場合、生活習慣とはいえない
●夜11時過ぎに自室で横になってTVを見ているときが月に2〜3回ある。そんな日の翌日は起きられず日中も寝ている。家族の話では、日頃は夜9時頃には寝ているとのこと	●以前からの習慣ではなく、不眠があり日中の活動への影響もある場合は該当する

3 ある	
ケース	**選択理由**
● 眠剤を常用している。20時過ぎに眠るが夜中2時ごろに目覚めてしまい、それからお菓子を食べたりテレビを見たりして過ごす毎日。翌日の日中はほとんど寝ている	● 中途覚醒による昼夜逆転と考える
● ベッド上生活で離れが自室になっている。いつも夜中2時ごろに携帯電話をいじり、母屋で寝ている家族に携帯電話で携帯電話の機能等を聞いてくるため家族は迷惑している。食事はベッドサイドに置いてくるのでいつ起きているのかわからない	● 日中の活動に影響しているか不明であっても、日中するべき行動を夜間している状態は該当する
● いつも夜間眠れずに起きており、部屋の電灯をつけベッド上でアルバムを見たり服をたたんだりしている。午前中はいつも寝ており、介護者が声をかけても起きない	● 夜間不眠の行動が周囲の手間になっていない場合でも、不眠があり、対象者の日中の行動に影響している場合は該当する
● 施設入所中。意思疎通が困難でベッド上で生活。日頃から昼夜を問わず独語や叫び声をあげており、いつ寝ているかわからない状態	● 昼夜逆転というよりも生活リズムが崩れて昼夜の区別がついていない状態だが、この場合も昼夜逆転に該当すると考える

4-5 しつこく同じ話をする（有無）

調査項目の定義

「しつこく同じ話をする」行動の頻度を評価する項目です。

選択の際の留意点

- もともとの性格や生活習慣から、単に同じ話をすることではなく、場面や目的から見て不適切な行動かどうかで判断します。
- 記憶障害等のために、同じことを初めて尋ねたかのように繰り返し質問したり、聞かれてもいないのに昔の話を何度も繰り返す場合等が該当します。

ポイント

- 同じ話を月に数回、あるいは週に何回かすることではなく、同じ話をしつこいほど何度も繰り返すことがあるか、ある場合はその頻度で評価します。

1 ない	
ケース	選択理由
● 独居でふだん人と話す機会がないために、週1回息子が電話をしたときや、ケアマネが訪問した際等は近況を繰り返し話す	● 場面や目的から見て不適切とはいえない
● 現在入院中で、「頭痛がする」「身体がふらつく」と毎日同じ訴えを何度も看護師にする。検査したが異状はなかった	● 入院中の場合に、症状を何度も訴えることは、目的から見て不適切な行動とはいえない
● 脳梗塞で入院し、10日前に退院した。「下肢が痛い、さすってくれ」と1日に何度も家族に頼む。そのたびに家族は5分間ほどマッサージをしている	● 繰り返して同じことを言っている状況だが、場面や目的から見て不適切とはいえない

● 何かの話題をきっかけに、自分が嫁に来た頃の思い出話を週に1〜2回する	● 週に何回か同じ話をすることではなく、1日に何度も同じ話を繰り返し、その頻度がどのくらいあるかで評価する

<table>
<tr><td colspan="2" align="center">2 ときどきある</td></tr>
<tr><td align="center">ケース</td><td align="center">選択理由</td></tr>
<tr><td>● ショートステイ利用や出かける予定があること等を話すと、その後、何度も行き先や日にち等をしつこく家族に聞いてくることが月に2〜3回ある</td><td>● 同じ質問をしつこく繰り返す場合は該当する</td></tr>
<tr><td>● 知的障害があり、自分の言動が相手にほめられると、またほめられたくて同じ話を繰り返し何度もすることが月に2〜3回ある</td><td>● 相手に聞かれたわけでもないのに同じ話をしつこく繰り返す場合は該当する</td></tr>
<tr><td>● 月1回家族と受診しているが、受診から戻ると「今度はいつ行くんだっけ?」と毎回聞いてくる。家族が教えても2時間もすると同じことをまた2〜3回聞き返す。翌日以降は受診のことは忘れるようで聞いてくることはない</td><td>● 気になることがあると同じことをしつこく聞いてくる状態が「月1回以上ある」と評価し選択する</td></tr>
</table>

<table>
<tr><td colspan="2" align="center">3 ある</td></tr>
<tr><td align="center">ケース</td><td align="center">選択理由</td></tr>
<tr><td>● 調査の際、質問とは無関係な話を何度も繰り返しする。家族の話では、以前から家族を含め誰にでも今とまったく同じ内容の話を繰り返すため、家族はストレスになっているとのこと</td><td>● 以前からの習慣であっても、場面や目的から見て不適当で、周囲がストレスと感じている状況は該当する</td></tr>
</table>

PART 2 第4群 精神・行動障害 4-5 しつこく同じ話をする（有無）

●「今日は何日?」「今日は何曜日?」と5分おきに聞いてくるので家族は疲れてしまう	●同じ質問をしつこく繰り返す場合は該当する
●便秘によるイレウス(腸閉塞)の既往があり、排便に対する執着が強い。排便がないことや下剤のこと等、排便に関わることを毎日しつこく家族に訴えてくる	●執着して、病的に同じ話を繰り返す場合は該当する
●週3回デイサービスを利用しているが利用していることを認識していない。家族が「今日はデイサービスの日だから準備して」と言うと、毎回「どこに行くの?」「何しに行くの?」「何時に行くの?」と繰り返し聞いてくる。家族がその都度「いつも行っている所」と話すと「そうなの?」と言って、一応納得する	●1週間に何度も短時間に同じ質問を繰り返している状態は該当する

4-6 大声を出す（有無）

調査項目の定義

「大声を出す」行動の頻度を評価する項目です。

ここでいう「大声を出す」行動とは、周囲に迷惑となるような大声を出す行動のことです。

選択の際の留意点

● もともとの性格や生活習慣から日常会話の声が大きい場合等ではなく、場面や目的から見て不適当な行動があるかどうかで判断します。
● 難聴のために大きな声になっている場合は該当しません。
● 大声で怒る、苛立って叫ぶ、奇声を発する等の場合が該当します。

ポイント

● 大きな声を出すことがその場の状況や目的に合っているかで判断します。怒ったときは大きな声になりますが、怒ることがその場面や目的に合っているかで判断します。

１ ない	
ケース	選択理由
● 食事の際に、妻から食べ方を注意されると大きな声で反論する。昔から自分の意に沿わないことがあると大きな声を出していたとのこと	● もともとの性格であり、また場面や目的から見て不適切な行動とまではいえない
● ポータブル便器を使用しており、排泄後に妻を呼び、あと始末をしてもらうが、すぐに来ないと大声で怒鳴る。妻から、もともと短気で待っていられない性格と聞き取る	● もともとの性格で、かつその場にそぐわない大声でない場合は該当しない

ケース	選択理由
●脳梗塞による片麻痺があり、「麻痺した足が痛くて動かせない」と苛立って大きな声を出す	●病気や障害があり、それに対する症状や訴えの場合は場面や目的から見て不適当とはいえない
●対象者は女性で、排泄動作がうまくできないため、毎回施設職員が見守りしているが、それに対して「何を見ているの!」と大きな声で怒る	●場面や状況から見て不適当とはいえない

2 ときどきある

ケース	選択理由
●非現実的な話をするために家族に諭されるが、それに対して大きな声で反発することが月に2〜3回ある。そのため家族は対応に苦慮している	●場面から見て不適当な大きな声を出す、またそのことで周囲の者が困ったり苦慮する状態は該当する
●介護サービス利用に拒否があり、家族がサービス利用の話をすると感情的になって大声を出して暴れることが月に1〜2回ある	●怒る理由や怒り方が度を越している状況は、場面や目的から見て不適切といえる

3 ある

ケース	選択理由
●施設入所中で、自分の要求が通らないと「ここは地獄だ」「ここは監獄だ」等と昼夜を問わず大声で叫ぶことが週に1〜2回ある。そのため他の入所者から苦情がきている	●目的から見て大声を出すことが不適切であり、周囲の人が迷惑している状態は該当する
●夜間大声で毎日のように意味不明なことを叫んでいる	●場面から見て不適切な行動と判断する

● 介護に対する拒否や抵抗があり、トイレや入浴の促しに対して「嫌だ!」「行かない!」などと大きな声を出し、手を振り払うなどする	● 目的から見て不適切な大声と判断する
● 施設入居中で、易怒性があり些細なことで怒り、他の利用者に対し「うるさい」「何を見ている!」などと大きな声で言うためトラブルになる	● 怒る理由と状況が不適切であり該当する

注意!

家族や介護者から聞き取る際は、大きな声を出すのはもともとの性格か、あるいは生活習慣なのかを確認することが必要です。

PART **2**

第 **4** 群

精神・行動障害 ― 4-6 ― 大声を出す(有無)

介護に抵抗する（有無）

調査項目の定義

「介護に抵抗する」行動の頻度を評価する項目です。

選択の際の留意点

● 単に助言しても従わない場合は該当しません。
● 難聴等で聞き取れず、状況が理解できないために抵抗する場合は該当しません。
● 手を振り払う、逃げ回る、何かにつかまり動かない、吐き出す、大声を出したり暴言を吐く、等で介護に支障がある場合が該当します。

ポイント

● 介護に支障をきたす場合が該当します。暴力や手を振り払うなど、身体行為の抵抗は当然ですが、暴言や頑として拒否する場合も該当します。ただし、身体行為以外は"拒否"として抵抗には該当しないとする保険者もありますので、特記事項には「抵抗行為はないが、拒否して興奮状態になる、不穏になる」など、介護に支障をきたしている具体的な状況を記載します。

❶ ない	
ケース	選択理由
● 体調不良を理由にデイサービス利用を拒否する	● 拒否のみの場合は介護抵抗とはいえない。場面や目的から見て不適切かで判断する
● 尿失禁があるため家族が紙パンツの着用を勧めるが拒否している	● 単に助言に従わない場合は該当しない

ケース	選択理由
●対象者は女性で施設入所中。入浴、トイレの際に介助が必要だが、男性職員の介助を拒否するため、その都度女性職員と交代する必要がある	●介助の方法について、この場合は場面や目的から見て不適切とはいえない
●特定施設入居中で、入浴を拒否し、職員が説得しても入ってくれない。市内に住む息子が毎回本人に電話で入浴するように説得し、ようやく入っている状況	●「ない」を選択して具体的な介護の手間を特記事項に記載する

2 ときどきある

ケース	選択理由
●施設入所中で、食事に集中できなくなり途中から介助されている。機嫌が悪いと、介助で口に入れた食べ物を吐き出す行為が月に2～3回ある	●食事介助されたものを意図的に吐き出す行為は介護抵抗に該当する
●内服薬管理ができないために妻が管理している。そのことが不満で妻に向かって「俺の薬だ、薬を渡せ」等と大声で暴言を吐くことが月に2～3回ある	●必要な援助に対して、大声を出したり暴言を吐くことは介護抵抗に該当する
●排泄物で汚れた下着を隠して自室に置く。家族が洗濯に出すように言うが聞き入れず、部屋にも家族を入らせない行動をとることが月に2～3回ある	●必要な援助に抵抗し、部屋に入れない行為は目的から見て不適切で介護抵抗に該当する
●現在大腿骨頚部骨折で入院中。薬は看護師が口に入れるが、口を閉じて顔を背ける行為が月に2～3回ある	●口を閉じる、顔を背ける行為は抵抗行為に含まれる

3 ある	
ケース	**選択理由**
●生活全般に援助が必要な状態。家族が排泄や更衣の援助をしようとするが聞き入れず、いつも声を荒げて拒否する。そのため家族は対応に苦慮している	●適切な援助に対して大きな声を出して拒否する行為は介護抵抗に該当する
●施設入所中で、オムツ交換や入浴を拒否して暴言を吐くことが毎回ある	●適切な介助に対する暴言は介護抵抗に該当する
●日中は妻と2人になり、妻の介護に対して手を払う等して抵抗するが、夜に孫娘が帰宅して介護する際は抵抗しない	●適切な介助が行われているとしたうえで、介護状況で抵抗したりしなかったりしている場合は、頻度で選択する
●現在、入院中で、胃ろうからの経管栄養を行っている。経管栄養中にチューブを外そうとする行為があり、注意をしても聞かないために、やむを得ず経管栄養中のみミトン手袋を装着している。装着の際に手を振り払う等抵抗するため看護師が2人がかりで対応する必要がある	●必要がありやむを得ず行われている身体拘束に対して抵抗する場合は該当する
●日頃、身体介助はされておらず、家族が見かねて身体援助しようとすると頑として拒否する。手を振り払うなどの行為はないが強い口調で拒否するため、家族は対応に困っている	●必要な介護を頑として受け入れない場合、身体抵抗がなくても介護抵抗と判断する。この場合、その状況を特記事項に記載する

4-8　落ち着きなし（「家に帰る」などと言い落ち着きがない）（有無）

調査項目の定義

「家に帰る等と言い落ち着きがない」行動の頻度を評価する項目です。

　ここでいう「家に帰る等と言い落ち着きがない」行動とは、施設等で「家に帰る」と言ったり、自宅にいても自分の家であることがわからず「家に帰る」等と言って落ち着きがなくなる行動のことです。

選択の際の留意点

● 帰宅願望からの問題行動が該当します。
● 「○○に帰りたい」「○○に行きたい」という意思表示と、落ち着きのない行動の両方がある場合が該当します。

ポイント

● 帰宅願望などではなく、物を出し入れするなど落ち着かずじっとしていない状態の場合は「ない」を選択したうえで特記事項に具体的な状況を記載します。

1 ない	
ケース	選択理由
● 目的なく自宅内を動き回るが、どこに行く等の発言はない	● 意思表示がない場合は該当しない。この場合は「徘徊」に該当する
● 「家に帰る」「家に帰りたい」と周りの人に言うが、それに伴う落ち着きのない行動はない	● 落ち着きのない状態、または行動が伴わない場合は該当しない
● 箪笥の中の物を出したり入れたり、何か探し物をする等でいつも落ち着かない。外に出ようとする行動はない	● 帰宅願望の行動の有無を評価するもので、単に落ち着かない行動は該当しない。具体的な状況を特記事項に記載する

●グループホームに入所中で、どこに行くなどの意思表示がなく施設の玄関に行こうとするので目が離せない	●目的の場所がなく、意思表示もないため該当しない。この場合は「1人で出たがる」に該当する

❷ ときどきある

ケース	選択理由
●自宅にいてもここが自分の家だという認識がなく、「家に帰りたい」と言って外に出ようとすることが月に2～3回ある。その都度家族が簞笥の中身や置いてある写真を見せて自分の家だと説得している	●帰宅願望からの意思表示と行動の両方がある
●結婚して現在は隣県に住んでいる。最近出身地の「○○に帰る」と言ってバッグに着替えを入れて準備をしているときが月に2～3回ある	●意思表示と準備をする行動の両方がある

❸ ある

ケース	選択理由
●現在、入院中で車椅子中心の生活。転倒防止目的でいつも安全ベルトをしている。夕方になると落ち着かなくなり「○○に行くのでこのベルト外して」と看護師に訴えてくることが毎日のようにある	●帰宅願望からの意思表示と行動の両方がある
●現在、入院中で、毎日「家に帰るから家族に迎えに来るよう電話して」と看護師室に来て訴える	●同上
●週3回デイサービスを利用している。デイサービスで途中で帰る利用者がいるとつられたように「私も帰る」と言って落ち着かなくなることが毎回ある	●家に帰りたいとの意思表示と落ち着かない行動がある場合は該当する

調査項目の定義

「1人で外に出たがり目が離せない」行動の頻度を評価する項目です。

選択の際の留意点

- 家に帰りたい等ではなく、理由もなく外に出たがり目が離せない状態が該当します。
- 自分1人では移動できない場合は該当しません。
- 実際に外に出るかは問いません。
- 一定期間内（おおむね過去1か月間）であっても、予防的手段や対策をとったことで外に出る行為がなくなった場合は該当しません。あくまでも現在の環境でその行為が発生したかで選択し、予防的手段や対策をとらない場合の状況を含め、実際の状況を特記事項に記載します。

ポイント

- 「○○に行く」などの明らかな目的がなく、外に出ようとする行為が該当します。
- 対象者自身には目的や理由があっての行動だとしても、状況から見て不適切と判断できる場合は該当します。
- 対応策をとったことで外に出ようとする行為がなくなった場合は該当しませんが、対応策をとって外に出られなくなった状況でも該当する行為がある場合は「ある」と評価します。

① ない	
ケース	選択理由
● 外に出ようとするが、玄関に鍵がかかっているので諦めてすぐ自室に戻っている	● 出ようとする行為はあるが、すぐ自室に戻っている状態は目が離せない状態とはいえない

● 施設入所中で、以前勝手に施設外に出て行ったことがある。現在は、玄関に行こうとしているときは職員が付き添い、見守りしているので外に出ることはない	● 対策をとることで外に出る行為がない場合は「ない」を選択する。状況を特記事項に記載する
● 1人で外に出たがるが、下肢筋力低下で1人では歩けない	● 1人では移動できない場合は該当しない
● 認知症があり、嫁ぐ前の生家が自分の家と思っており「家に帰る」と言って自宅から外に出ようとする	● この場合は帰宅願望で「4-8 落ち着きなし」に該当する

2 ときどきある

ケース	選択理由
● 外に出ようとするので家族がその都度制止しているが、家族の目を盗んで外に出ることが月に2〜3回ある	● 実際に外に出る行動がある場合は該当する
● 外に出られないように鍵をかけドアチェーンもしており日頃出ることはないが、チェーンをかけ忘れると鍵を開けて外に出るときが月に数回ある	● 対策をとっても実際に外に出る行為がある場合は、外に出る頻度で選択する
● グループホーム入居中で、1人で外に出たがり、制止すると怒り出すため時間を決めて1人での散歩が許可された。遅い時間や天候が悪いときに行くことを職員が止めると怒り出す	● 状況から見て不適切であり、「1人で出たがる」に該当する

❸ ある

ケース	選択理由
● 施設入所中。仕事に出かけると言って外に出ようとするときが週に数回ある。行き先を聞いても答えられない	● 行き先の意思表示がなく外に出ようとする行為の場合は該当する
● 買い物の必要はないのに毎日近くのスーパーに車を運転して1人で出かけ何も買わずに帰ってくる。家族が止めても言うことを聞かない	● 目的があって出かけているとはいえず、帰宅願望からの行動ではないためこの項目に該当する
● 玄関ドアの鍵を2重にしてあり外に出ることはないが、1つの鍵を開けて出ようとしてドアをガチャガチャさせているときが週に1～2回ある。その際は家族が説得する必要がある	● 対策をとったことで実際には外に出ることはないが、外に出ようとする行為があり、それに対して対応の必要がある場合は目が離せない状態と考える

注意！

「施設入所者が玄関に行き、外に出ようとする行為があり眼が離せない」との特記事項記載で「8.落ち着きなし」「9.1人で出たがる」の2項目で「ある」を選択しているケース。この場合は行きたい場所等の意思表示があるかを確認してどちらかを選択するべきです。

収集癖（いろいろな物を集めたり、無断で持ってくる）（有無）

調査項目の定義

「いろいろな物を集めたり、無断で持ってくる」行動の頻度を評価する項目です。

ここでいう「いろいろな物を集めたり、無断で持ってくる」行動とは、いわゆる収集癖の行動のことです。

選択の際の留意点

● 趣味で集めるというレベルではなく、明らかに周囲の状況に合致しない場合が該当します。

ポイント

● 集める目的がわからない、集める物や量が場面や目的から見て不適切な状況をいいます。また、自分の物でないものを無断で持って行くなどの不適切な行為も該当します。

1 ない	
ケース	選択理由
● 昔使っていたアクセサリーや、おもちゃの金のチェーン等を集めて机にしまっている	● 趣味の範囲であり、周囲の状況と合致しない状態とはいえない
● 独居で自宅内はゴミがあふれている。日常生活は何とか自立しており、「ゴミを出す日がわからなくて溜まってしまった」との本人弁。認知症の診断がある	● ゴミを出す日がわからないことが原因で、収集癖とはいえない
● 家族が対象者の部屋を掃除したら、ケーキ等の食べ物の写真が載ったチラシを集めていた	● 以前からの習慣なのか不明でも、趣味の範囲であり、周囲の状況と一致しない行動とはいえない

● 使用済みのティッシュペーパーをポケットに詰め込んでおり、家族が洗濯するときの手間になっている	● 高齢者に多い行動で、習慣的なものであり、不適切とまではいえない
● 汚れた紙パンツを捨てないでベッドの下などに集めており、介護者が片付けている	● この場合は「集めている」のではなく「隠している」状況なので収集癖ではなく不潔行為として「自分勝手に行動する」に該当する

2 ときどきある

ケース	選択理由
● 施設入所中で、施設の紙オムツやトイレットペーパーを無断で自分の部屋に持って行くことが月に2～3回ある	● 無断で持って行く行為は該当する
● ゴミとして出された壊れた家電や家具等を、家に持ち帰ることが月に1～2回ある。ただ持ってくるだけで、直したり使ったりすることはない	● 目的や必要もなく壊れた物を持ち帰る行為は周囲の状況に合致しない行動と考える
● 1か月前、近くのスーパーで万引きして注意されている。家族の話では以前からの癖で1年に1～2回家族が呼出しを受け困っているとのこと	● 以前からの癖であっても、状況と目的から見て不適切と判断した場合は該当する。「自分勝手に行動する」項目にも該当する

3 ある

ケース	選択理由
● 物を捨てられない性格で、室内が新聞紙や雑誌等であふれて足の踏み場もない	● もともとの性格であっても、明らかに周囲に合致しない、不適切な状況の場合は該当する

●アイスクリームのスプーンやカップ、商品のケース等、透明なプラスティックに執着して捨てないで集めている。整理しないので部屋中にそれらが散乱している	●趣味で集めている状態であっても、明らかに周囲の状況と合致しない、度を超している場合は該当する
●自宅前の道路は舗装がされておらず、その道路の端に、周りにある石を拾い集めて山にすることを毎日繰り返している。家族の話では特に意味のある行動ではなく、山にすると満足して戻って来るので止めていないとのこと	●無断で持ってくる行為とはいえないが、明らかに周囲の状況に合致しておらず、収集癖と判断する
●老人ホーム入居中で、トイレの手洗い場のペーパータオルを毎回大量にとり、とくに使うわけでもなく、ベッド上に置いている	●状況から見て不適切な行為と判断できる

調査項目の定義

「物を壊したり、衣類を破いたりする」行動の頻度を評価する項目です。

選択の際の留意点

● 実際に壊れなくても壊そうとする行為があれば該当します。
● 捨てる必要のない物を捨てる行為も含みます。

ポイント

● 意図的に壊す、あるいは壊れることがわかって行っている場合が該当し、偶発的に壊れた場合は含まれません。

1 ない

ケース	選択理由
● 紙オムツを外したり破いたりするため両手にミトン手袋を付け、その後、破く行為はなくなった	● 対策をとることでその行為がなくなった場合は「ない」を選択し、対策をとらない場合の状況を特記事項に記載する
● 家電品の調子が悪いと自分で修理しようと分解するが、結局使えなくしてしまう。家族が止めても言うことを聞かない	● 意図的ではなく、結果的に壊れた場合は該当しない。周囲が止めても聞かない状況は「自分勝手に行動する」に該当する
● 理解力に乏しく、トイレの便器に溶けない紙やタオル等を入れるためにトイレを詰まらせることがたびたびある	● 物を壊す行為には該当しない。状況を特記事項に記載する
● 妻は難聴で対象者である夫の声が聞こえないときがある。そんな妻の態度に腹を立て妻にTVのリモコンを投げつける	● 壊すことが目的ではない場合は該当しない。この場合は危険な行為があると判断し「自分勝手に行動する」が該当する

2 ときどきある

ケース	選択理由
●まだ着られる服や新しい下着を勝手に捨ててしまうため、対象者が不要物として出した物を家族が確認する必要がある	●捨てる必要のない物を捨てる行為は該当する
●気に入らないことがあるとカレンダーや新聞を破くことがある。まだ見ていない新聞を破くために家族は迷惑している	●場面や目的から見て不適切な行動に該当する
●洗濯機作動中に蓋がロックされて開かないのは故障だと思い、バールを持ってきて蓋をこじ開けようとして家族に止められたことが先週あった	●実際には壊れていないが、壊そうとする行為がある場合は該当する

3 ある

ケース	選択理由
●ほぼ毎日夜間起きてオムツをいじり、破いて中身を散乱させている	●紙オムツを破く行為は衣類を破く行為に該当する
●不機嫌になると食器を床に投げつける行為が週に1〜2回ある。食器はプラスティックのため壊れることはない	●実際に壊れていなくても、壊そうとする行為は該当する
●経鼻経管栄養が行われており、経管チューブを抜こうとするためやむを得ずミトン手袋を着用している。その手袋を外そうと噛んで破こうとする	●ミトン手袋を破こうとする行為が該当する
●「TVのリモコンが利かない！」といって怒り出し、リモコンを床に投げつけようとすることが週に1回程ある	●壊そうとする行為であり該当する

4-12 ひどい物忘れ（有無）

調査項目の定義

「ひどい物忘れ」行動の頻度を評価する項目です。

ここでいう「ひどい物忘れ」行動については、認知症の有無や知的レベルは問いません。この物忘れによって何らかの行動が起こっているか、周囲の者が何らかの対応をとらなければならないような状況（火の不始末等）をいいます。

選択の際の留意点

- 物忘れがあってもそれに起因する行動が起きていない場合や、周囲の者が何らかの対応をとる必要がない場合は「ない」を選択し、実際の状況を特記事項に記載します。
- 何らかの対応をとる必要については、実際に対応がとられているかどうかは判断基準に含まれません。
- 火の消し忘れは重大な事故につながるため「何らかの対応が必要」に該当します。

ポイント

- 物忘れに起因する行動については「介護の手間や介助者の負担になっているか否か」で判断します。
- 電気の消し忘れや水道の止め忘れについては、単なる物忘れではすまされない状態が該当すると考えるのが妥当です。

1 ない	
ケース	選択理由
● 電気製品が新しくなった際、使い方やリモコン操作を教えても覚えられない。そのため新しい物を使えない	● 単に理解できない状態で、それに起因する行動が起きていない場合は該当しない

●食事をしたことを忘れているが「食べていないので、食事を出して」等と家族に言うことはない	●物忘れはあるがそれに起因する行動がない場合は該当しない
●1度教えた日にちや曜日を忘れているがそれに伴う行動はない	●物忘れによる行動や対応をとる必要がない場合は該当しない
●物の置き忘れは日常的にあるが何とか自分で探して出しており、家族も手伝うことはない	●置き忘れに起因する行動がないと評価する
●電気の消し忘れ、水道の止め忘れがある	●忘れたことのみでの評価ではなく、それに起因するトラブルや周囲が対応をとる必要があるかで判断する
●実際には忘れていないが、薬を飲んだか、鍵を閉めたか等、自分の記憶に自信がなく、気になってあとで自分で確認することが増えている	●自分で確認することは、それに起因する行動が起きているには当たらない
●気になることがあると何回も聞いてくるのでその都度説明する必要がある	●気になることを何度も確認する行為は物忘れによるものとは限らず、場面から見て不適切とはいえない。物忘れによるものと判断した場合はその理由を特記事項に記載する
●月1回家族付き添いで受診しているが、毎回何らかの忘れ物をするので、出かける際に家族が「保険証持った?」「診察券持った?」「予約票持った?」と本人に確認するのがルーティンになっている	●基本的に、物忘れで生じた行動または、それにともなう対応について評価するものであり、事前の対応は含まれない。物忘れにともなう手間として特記事項に記載する

ケース	選択理由
● 置き忘れがあり、箪笥を全部開けて探す等している。見かねて家族が手伝うことが月に2〜3回ある	● 置き忘れることによる周囲の手間が発生している場合は該当する
● 受診日を忘れてしまい、娘の職場に電話で確認するが一度聞いても覚えられず、同じ内容の電話を何度もするため娘はストレスになっている	● 物忘れ行動によって周囲に迷惑がかかっている状況は該当する。実際に対応がとられているかは問わない
● すでに済ませた贈答やお見舞いに行ったこと等を忘れて「まだ○○していない」と言い出し、それはもう済んでいると言う家族と口論になることが月に1〜2回ある	● 忘れることによって周囲とトラブルになる状況は該当する
● 自分の服や下着がわからなくなったために、家族が本人の了解の下に間違えないように目印を付けた。しかしそのことを忘れて洗濯した物を自分の箪笥にしまうため、月に1〜2回家族が箪笥の中を確認する必要がある	● 物忘れによる行動の頻度は不明だが、家族がとっている対応の頻度から選択する

3 ある	
ケース	選択理由
● 電気の消し忘れや水道の止め忘れが日常的にある。そのため本人が使ったあとは、家族が水道が止まっているか等を毎回確認している	● 物忘れがあるために周囲が確認する等の行為が発生している場合は該当する

●現在、脳梗塞で入院中。片麻痺と高次脳機能障害の後遺症があり、リハビリで前回訓練した動作や手順を忘れてしまうためリハビリが進まず在宅復帰ができない	●物忘れによりリハビリが進まず、在宅復帰できないという状況が起こっていると判断する
●日中独居で、ガスコンロを使って調理し鍋を焦がすことが週に1回ほどある。家族はガスの元栓を閉めて出かけるが、対象者が自分で元栓を開けて使っている	●火の消し忘れは、実際に対応がとられていない場合でも、周囲の者が何らかの対応をとる必要があるとする。また、火を使うことを止められている状況から「自分勝手に行動する」にも該当する
●入院中で、転倒の危険からベッドから離れる際はナースコールを押すよう指導され了解するが、押すことを忘れて歩き出すため床にセンサーマットが敷いてある	●物忘れによる行動があるため、予防的な対応をとっている場合は該当する
●置き忘れてたびたび探すために、2か月前から通帳と財布を嫁が預かっている。預けていることを忘れて探すことが週1〜2回あり、その都度嫁がいきさつを説明している	●物忘れ行動に対してその都度家族が対応する必要がある場合は該当する

4-13 独り言、独り笑い（意味もなく独り言や独り笑いをする）（有無）

調査項目の定義

「意味もなく独り言や独り笑いをする」行動の頻度を評価する項目です。

ここでいう「意味もなく独り言や独り笑いをする」行動とは、場面や状況とは無関係に（明らかに周囲の状況に合致しないにもかかわらず）、独り言を言う、独り笑いをする等の行動が持続したり、あるいは突然にそれらの行動が現れたりすることです。

選択の際の留意点

- 以前からの癖などではなく、場面や目的から見て不適切か否かで判断します。
- 相手がいないにもかかわらず1人で言葉を発したり笑っている場合、また、人形やTVに話しかける場合などが該当します。
- 発語がない方の叫び声や唸り声は、独語ではなく、何かを訴えていると評価します。
- 幻視幻聴に対する話しかけや返答は場面や状況に合致しないため「独語」と評価します。

ポイント

- 話す声の大小は問いません。
- 寝言は含まれません

1 ない	
ケース	選択理由
●夫が半年前に亡くなっている。毎日仏壇に向かって何かを話しかけている	●状況から見て不適当とはいえない
●昔からの癖で、1人のときはいつも自室で歌を歌っている	●以前からの癖であり、場面から見て不適当な行動とはいえない
●脳梗塞後遺症による下肢のしびれがあり、独語でのしびれの訴えが頻繁にある	●相手がいない場合であっても、症状の訴えは状況からして独語とはいえない

● 施設入所中で、どんな場面でも腕を組んで「う〜ん」と言うのが癖である	● 以前からの癖の場合は該当しない

2 ときどきある

ケース	選択理由
● 施設入所中で、相手がいないにもかかわらず意味不明なことを言ったり、叫んでいることが月に2〜3回ある	● 相手がいない状態での行為は該当する
● 入院中で、隣の患者が寝ていても一方的に話しかけ、同室者から「その人は寝ているよ」と言われてもかまわず話し続けることが月に2〜3回ある	● 相手がある場合でも明らかに周囲の状況に合致しない場合は独り言に該当する

3 ある

ケース	選択理由
● テレビに向かっていつも話しかけている	● 場面や目的から見て独語に該当する
● 施設入所中で、1人でいると独語はないが、近くに人がいると誰に話すわけでもなく、一方的に話し続けている	● 明らかに周囲の状況に合致しない場合は該当する
● レビー小体病があり幻視、幻聴が日常的にある。家具などのシルエットが人や動物に見え、話しかけたり返答したりする	● 幻視幻聴に対する話しかけや返答は独語に該当する
● ベッド上生活で話しかけても返答はなく会話は困難。日頃から懐メロの1曲を1日中繰り返して歌っている	● 話しかけに返答せず同じ歌を繰り返して歌っている状況は、場面から見て不適当と判断し、独語に該当する
● 内容は不明だが1人でブツブツと何か言っているときが毎日ある	● 話す内容や声の大小は問わない

4-14 自分勝手に行動する（有無）

調査項目の定義

「自分勝手に行動する」頻度を評価する項目です。

ここでいう「自分勝手に行動する」とは、明らかに周囲の状況に合致しない自分勝手な行動をすることです。

選択の際の留意点

- 性格的に「身勝手」「自己中心的」な行動ということではなく、場面や目的から見て不適当な行動があるかで判断します。
- 病院、施設等で規則や指示を守らない、家族の注意を聞かない、危険行為、迷惑行為、セクハラ行為等が該当します。
- あくまでも現在の環境でその行為が発生したかで選択し、予防的手段や対策をとらない場合の状況を含め、実際の状況を特記事項に記載します。
- 異食行為、不潔行為（オムツ外しや排泄物をもてあそぶ行為など）は該当します。

ポイント

- 社会生活での「ルール違反」などが該当します。マナー違反は、性格や生活習慣など個人差が大きいため基本的には該当しません。

1 ない

ケース	選択理由
● 現在経管栄養が行われており、経管チューブを外そうとするために両手にミトン手袋を着用している。手袋のままチューブを外すことはできないが、チューブをさわるために介護者が何度か様子を見に来ている	● 現在の状況で評価し、チューブ外しはできないことから選択する。様子を見る手間があることを特記事項に記載する

●家族に銀行から年金を下してもらい、下した全額を袋に入れ手元に置く。近所の人たちと温泉施設に週1回行く際も毎回袋ごと持って行き、浴室から出るとお金を数えて確認するため周りの人から顰蹙（ひんしゅく）を買っている	●自己中心的な行動で顰蹙を買っているが、規則違反や迷惑行為とはいえないため特記のみとする
●現在入院中で、身体機能に問題ないが看護師が離床を促しても何かしらの身体症状を訴えて拒否する。家族の話では以前から自己中心的な行動が多いとのこと	●拒否すること自体は該当しない。またもともとの性格からの行動と考えられる場合も該当しない
●脳梗塞で失語症があり、排泄はオムツを着用している。尿失禁していないにもかかわらずオムツ交換を訴えることがあり、介護者がその都度確認して交換の必要がないことを説明するが、しばらくすると同じように訴えてくる	●皮膚感覚については個人差があり、また自分に関わって欲しい願望からの行動とも考えられ、場面や目的から見て不適切とはいえない。実際の手間を特記事項に記載する
●現在施設入所中で、毎日他の利用者や一部の職員の悪口を職員に話す	●顰蹙を買う状況ではあっても規則違反でもなく定義に該当しない
●施設入居中で、食事の際に隣の人に「早く食べて」「こぼしているよ」などと言うため他の利用者が嫌がり、職員にたしなめられる	●他人に世話を焼いている状況であり、場面や目的から見て不適切とはいえない
●デイサービス利用の際、食事中に義歯に食べ物が挟まると義歯を外して舐めるなどするため、ほかの利用者から、顰蹙（ひんしゅく）を買っている	●顰蹙を買う、周りのアドバイスを聞かない、などはマナー違反であり、場面や目的からして不適切とまではいえない

2 ときどきある

ケース	選択理由
●とくにこれといった理由もなく、また家族に相談もせずに自宅の生垣を切ってしまい、外観が損なわれ家族は当惑している	●場面や目的から見て不適切な行動と評価する
●3か月前にスーパーで万引きをして補導された。現在もレシートに載っていない商品をバッグに入れて帰宅することが月に1〜2回ある	●犯罪行為は該当する
●施設入所中で、盗食行為があるため職員が見守りしているが、それでも職員の目を盗んで盗食することが月に2〜3回ある	●施設等の指示や規則を守らない行為は該当する
●日中独居で、同居家族に相談せずに訪問販売で高額な商品や不必要な商品を購入することが月に1〜2回ある	●目的から見て不適切な行為と判断する

3 ある

ケース	選択理由
●対象者は男性で、現在入院中で認知症がある。若い女性看護師に対して、失禁していないにもかかわらず陰部を拭くように命令口調で言うことが週に1〜2回ある	●セクハラ行為と考えられる。性格的な行為とも考えられるが、認知症における脱抑制行為として、また場面、目的から見て不適切と判断する
●週2回のデイサービスで、毎回他の利用者に物をあげたり金銭のやりとりをするため規則違反で職員に注意されているが止めようとしない	●施設等で決められた規則を守らない場合は該当する

●現在入院中。病識<ruby>病識<rt>びょうしき</rt></ruby>に乏しく、下肢筋力低下で歩けないにもかかわらず1人でトイレに行こうとする。注意しても繰り返すため転倒防止目的にセンサーマットが使用されている。センサーのコールで看護師が駆けつけることが毎日あるが、歩き出す前に駆けつけているので転倒には至っていない	●歩き出す行為は防止されているが、指示を守らずに止められている行為を起こしている場合は該当する
●糖尿病があり、食事制限中だが好きなものを勝手に食べている	●指示を守らない状態であり、場面や目的から見て不適切と判断する
●女性ヘルパーに対してセクハラ言動があり、女性ヘルパーが危険を感じるくらいに迫ったり怒ったりする	●セクハラ言動については社会的なルール違反であり該当する
●食事中にご飯に牛乳をかけて食べない、食べ終わっていない器を重ねるなどの行為が毎日ある	●食事を食べられなくする行為は目的から見て不適切と判断できる
●施設入所中で、尿失禁した紙パンツを自分で履き替えて簞笥に隠す。そのため週2回の入浴の際に職員が簞笥の中を確認する必要がある	●場面や目的から見て不適切な行為と判断できる

4-15 話がまとまらない（話がまとまらず、会話にならない）（有無）

調査項目の定義

「話がまとまらず、会話にならない」行動の頻度を評価する項目です。

ここでいう「話がまとまらず、会話にならない」行動とは、話の内容に一貫性がない、話題を次々と変える、質問に対してまったく無関係な話が続く等、会話が成立しない行動のことです。

選択の際の留意点

● 話の内容を問うものであり、もともとの性格で会話が得意ではない、失語症などで会話に支障がある場合は該当しません。

●「3-1 意思の伝達」項目で「できない」を選択した場合は該当しません。

ポイント

● 発語能力があり聞き取りもできる人が、認知症などでコミュニケーションがうまくできない、会話が成り立たない場合などが該当します。

● 具体的には、

　・相手の言っていることが理解できず、的外れな話をするため話が噛み合わない

　・相手の話を聞かず一方的に話すため会話にならない

　・非現実的な話をするため会話が成り立たない

　・記憶力低下があり、時系列に沿った話ができないため辻褄が合わず会話にならない

　・話が横道に逸れ、無関係な話が続いて話がまとまらない

　などです。

1 ない

ケース	選択理由
●難聴のために、相手の話したことを聞き違えて話が噛み合わないことが日常的にあるが、聞き取れれば妥当な会話ができている	●聞き取れないことが原因の場合は、話がまとまらないには該当しない
●作話<ruby>作話<rt>さくわ</rt></ruby>と思われる話をまことしやかにする。しかし質問に対して妥当な返答があり会話は成立する	●会話に作話が混じっている場合でも、無関係な話ではなく会話が成り立っている場合は該当しない
●失語症があり言葉が出てこないために会話が中断してしまう	●失語症で会話が得意でない状態は、話がまとまらないには該当しない
●知的障害があり、話の内容は理解しているが口数が少なく、単語をポツリポツリ言う話し方である。そのため家族以外の人とは会話が成立しない場合が多い	●会話が得意でない、話下手な場合は該当しない
●小声で言葉もはっきりしないために何を言っているのかわからないときが多い。「3-1 意思の伝達」は「ほとんどできない」を選択した	●この項目は話の内容を問うものであり、この場合は発語の問題のため項目の定義に含まれない

2 ときどきある

ケース	選択理由
●現在、施設入所中で、何かをやり出すと夢中になり止めようとしなくなる。職員に途中で止めるように促されると、早口で無関係な話や意味不明なことをわめき散らすときが月に2～3回ある	●無関係な話や一方的な話でわめき散らすなど、会話が成立しない場合は該当する
●理解力低下があり、その場ではわかったと言うが後日、意向を確認すると話をまったく理解しておらず筋違いなことを言い会話にならないことが月に1～2回ある	●内容が非現実的、整合性に欠けるなどで会話にならない場合は該当する

●日頃、家族が話しかけてもボーッとしていて反応がない。たまりかねて家族が「聞こえているの?」と言うと、まったく的外れな返答をするときが月に2〜3回ある	●質問に対してまったく無関係な話をするために会話が成り立たない状態は該当する

3 ある	
ケース	**選択理由**
●非現実的な話をするために会話にならないことが毎日ある	●非現実的な話や無関係な話のために会話にならない場合は該当する
●いつも自分の言いたいことを一方的に言うだけで相手の話を聞かないために会話にならない	●一方的な話で会話にならない、周囲の状況に合致しない場合は該当する
●昔のことと現在のことを混同しており、話の内容はいつも非現実的である	●記憶力低下などにより、話の内容が非現実的な状態は該当する
●日頃から思いついたことを次々と口にするため話がまとまらず、介護者はその都度話題を戻す必要がある	●話題を次々に変えるために会話がまとまらない、進まない場合は該当する
●2か月入院し1か月前に退院したが、入退院の経過を覚えておらず、病識もない。そのため話に整合性がなく辻褄が合わない	●話の整合性に欠け、辻褄が合わないために話がまとまらない場合は該当する
●現在、施設入所中で、今いる所は自分の会社で、施設職員とほかの利用者は社員だと思っている。そのため、いつも話が命令的で非現実的である	●非現実的で話がまとまらない場合は該当する

第**5**群 社会生活への適応
［介助の方法、能力、有無で評価する項目］

> この群は社会生活を行う能力や日常の意思決定、集団への参加など、社会生活への適応に関する項目群です。

■ 調査の際のポイント

- 金銭の管理、日常の意思決定、集団への不適応の3項目は期間の定めがありません。基本的に現在の状況で選択します。
- 薬の内服、買い物、簡単な調理の項目で、時間帯や体調によって介助の方法が違う場合は、一定期間（過去おおむね1週間）の状況において、より頻回に見られる状況で選択します。

■ 特記事項記載のポイント

- 身体機能と介護の方法との整合性がとれていないと感じられる場合は、両者の関係性を特記事項に記載します。
- 項目の定義に含まれない場合でも、実際に介助が発生している場合、その具体的な介助と内容、頻度を記載します。

5-1 薬の内服（介助の方法）

調査項目の定義

「薬の内服」の介助が行われているかどうかを評価する項目です。

ここでいう「薬の内服」とは、薬や水を手元に用意する、薬を口に入れる、飲み込む（水を飲む）という一連の行為のことです。

選択肢の選択基準

1 介助されていない

- 「薬の内服」の介助が行われていない場合をいう。
- 視覚障害等があり、薬局が内服の時間・量を点字でわかるようにしており、内服は自分でできている場合は、「1.介助されていない」を選択する。

2 一部介助

- 薬を飲む際の見守り、飲む量の指示等が行われている、あるいは、飲む薬や水を手元に用意する、オブラートに包む、介護者が分包する等、何らかの介助が行われている場合をいう。
- あらかじめ薬局で分包されている場合は含まない。

3 全介助

- 薬や水を手元に用意する、薬を口に入れるという一連の行為に介助が行われている場合をいう。

選択の際の留意点

- 内服以外の注射、塗り薬、湿布等は含みません。
- 内服薬の処方がない場合は、薬が処方された場合を想定して選択します。
- 経管栄養等のチューブから内服薬を注入する場合も含みます。

薬の内服の一連の行為について

　テキストでは、内服の一連の行為は、①薬や水を手元に用意する、②薬を口に入れる、③飲み込む、と定義されていますが、実際にはこのほかに「薬を飲む時間や量を理解する」がないと、①の行為につながりません。

　「認定調査員テキスト2006年版」（厚生労働省）の「薬の内服」の定義には、「薬を飲む時間や量を理解する」が含まれており、入院や施設入所など施設で薬を管理している場合の選択基準になっていました。2009年改訂版ではこの定義が変更され、能力勘案での選択基準はなくなりました。

　しかし実際には、「薬を飲む時間や量を理解する」ことは薬の内服には欠かせない条件です。用量用法の間違えは生死に関わります。

　そのため本書では「薬を飲む時間や量を理解する」ことも薬の内服には不可欠と考え、薬の内服の一連の行為に含めています。

　なお、この解釈は調査員テキストに記載してある調査上の留意点［薬の内服が適切でないなどのために飲む量の指示などの介助が行われている場合は「一部介助」を選択する］と同意と考えます。

- ●薬を管理する能力ではなく、薬の内服行為に介助が行われているかで評価します。
- ●見守りは、薬を飲む際に常時の付き添いがあり、指示、声がけ、確認がされている場合が該当します。

ポイント

- ●薬を飲むための水については、手元に準備することで介助とする場合と、手元に準備して口まで持って行く場合を介助とする、の2つの考えがあります。保険者によって評価が異なりますので確認することを勧めます。なお、本書では後者の場合を介助としています。

1 介助されていない

ケース	選択理由
●飲み忘れがあるため、家族が毎回「薬を忘れないように」と声がけをしている。内服の確認はしていない	●薬の内服に際し、常時の付き添いがなく、声がけのみ行われている場合は見守りに該当しない
●飲み忘れがときどきある。その際は家族が気付いて、対象者に飲むように促している	●常時の付き添いがなく、気付いたときのみ指示や声がけが行われている場合は見守りに該当しない
●薬と水は自分で準備して内服している。家族がその都度内服したか本人に聞いて確認している	●常時の付き添いがなく、内服後に確認のみしている場合は見守りに該当しない
●対象者である夫が朝1回の薬を自分で管理、内服している。薬を飲み忘れるときがあるため、妻は内服後の空袋がゴミかごに入っているか確認している	●内服の際には付き添いがなく、内服後の確認のみ行われている場合は該当しない
●自分で内服薬を管理して飲んでいるが、歩行が困難なため家族に朝のみペットボトルに水を準備してもらっている。対象者はそれで1日3回の内服や、喉が渇いたときに飲んだりしている	●薬の内服目的に、その都度水を手元に準備する介助が行われている場合が「一部介助」に該当するが、このケースの場合は該当しない

2 一部介助

ケース	選択理由
●薬の量と飲む時間が理解できないため、家族が複数の薬を1回分ずつ薬ケースに入れ、そこから対象者が取り出して飲んでいる	●分包する介助が行われている

●薬の飲み間違いと飲み忘れがあるため、家族が一包化された薬袋に日にちと時間を書き、朝・昼・夕ごとにケースに入れている。そこから対象者が取り出して飲んでいる	●薬の内服が適切でないために、飲む量の指示の介助が行われていると評価する
●日中独居で、朝1回の内服を適切にできないために家族が薬を管理し、一包化されたものを1週間分薬カレンダーのポケットにセットしている。対象者が自分でそこから取り出して飲み、家族が帰宅後に内服の確認をしている	●薬カレンダーに薬をセットする行為が飲む量の指示の介助に該当する
●対象者が自分で薬を管理し、自分で取り出して飲んでいる。複数の薬をまとめて飲むが、薬が全部口に入らなくても気付かないでいるために、毎回家族が付き添って内服の確認をしている	●内服の際に常時の付き添いがあり、内服の確認が行われている場合は見守りに該当する
●独居で、循環器の薬が処方されている。薬の内服回数を自分の判断で勝手に1日2回から1日1回に減らしている。薬を取り出して飲む行為はできる	●介護者不在による不適切な状態と判断して、飲む量の指示が必要と考え、「一部介助」を選択する
●薬の管理と手元に準備するのに介助はなく、水の準備のみ毎回家族がしている	●毎回、水を手元に準備する行為は一部介助に含まれる
●家族が毎回薬と水を準備し、薬は家族が口に入れるが、水は対象者が自分で口まで運んでいる	●水は自分で口に運んでいるため一部介助を選択する。保険者によっては、介助者が手元に水と薬を準備し、介助者が薬を口に入れる行為を全介助と評価する場合がある。保険者に確認が必要

❸ 全介助

ケース	選択理由
●現在、寝たきりで、えん下ができず中心静脈栄養が行われており、内服薬の処方はない	●内服薬が処方された場合を想定して選択する。えん下ができないことから、何らかのチューブからの注入が適当と考え、「全介助」を選択し状況を特記事項に記載する
●施設入所中で、職員が薬を準備し、薬を食事の上に載せて口に運ぶ介助が毎回行われている	●内服の一連の行為に介助が行われていると評価する
●パーキンソン病による手指の振戦があり、薬をシートから取り出せない。対象者の希望で薬を本人の手に載せて数を確認してから、その手を介護者が口に運ぶ介助と、水を口まで運ぶ介助をしている	●薬は対象者の手から口に入っているが、介助者が手を添えないと薬を口に入れられない状況は、一連の行為に介助が行われていると評価する
●介護者が薬を準備して口に入れ、対象者が自分でコップを持つが、手に震えがあるため毎回介護者が水がこぼれないように押さえて口まで運んでいる	●対象者がコップを持つが、水を飲む際も介助されていることから選択する
●1か月前から寝たきりとなり、受診しておらず現在薬は飲んでいない。以前は嫁がその都度手渡して自分で飲んでいた。現在は水を飲む際も家族が口までコップを持っていき、ストローを使って飲んでいる状態	●薬が処方されたことを想定して選択する。身体状況から、内服の一連の行為に介助が必要と考える

5-2 金銭の管理（介助の方法）

調査項目の定義

「金銭の管理」の介助が行われているかどうかを評価する項目です。

ここでいう「金銭の管理」とは、自分の所持金の支出入の把握、管理、出し入れする金額の計算等の一連の行為をいいます。

選択肢の選択基準

1 介助されていない

● 「金銭の管理」の介助が行われていない場合をいう。
● 自分の所持金（預金通帳等）の支出入の把握や管理を自分で行っている、出し入れする金額の計算を介助なしに自分で行っている場合をいう。

2 一部介助

● 金銭の管理に何らかの介助が行われている、あるいは、小遣い銭として少額のみ自己管理している場合をいう。
● 介護者が確認する場合も含まれる。

3 全介助

● 「金銭の管理」のすべてに介助が行われている場合をいう。
● 認知症等のため金銭の計算ができず、支払いが発生した際に、介護者が財布にあらかじめ準備しておいたお金の出し入れのみ自身で行う場合には、「3.全介助」を選択する。

選択の際の留意点

● 能力ではなく、実際に行われている介助の方法で評価します。
● 一定期間の定めはありませんが、施設入所や入院など、生活環境が変わった場合は現在の状況で判断します。

- 単なる金銭のやり取りや、銀行での引き出し行為ではなく、金銭の「管理」について介助が行われているかを評価します。
- 手元に現金を所持していない場合でも、年金・預貯金・有価証券などの管理状況で選択します。

ポイント

- 口座からの現金の引き出し、支払いの際の財布からの現金の出し入れ行為は含まれません。また、生活費として家族等に渡した金銭の管理も含まれません。

  あくまでも対象者の所持金の管理状況で判断しますが、対象者の所持金が妻や夫などと合算になっており区別ができない場合は、合算された所持金の管理状況で判断します。
- 金銭管理は以下の4点で評価し、これに対して介助が行われているかで判断します。

  ①現金、クレジットカード、通帳、有価証券などの物理的な保管・管理

  ②現金、クレジット、預金口座などの内容の把握

  ③日々の行動や買い物に伴う支出に見合った現金の所持と管理（少額あるいは小遣い程度の現金の管理と収支把握）

  ④買い物や利用料金など、その都度の計算と支払い
- 能力での判断ではありません。また、細かい計算ができない、硬貨を使わず大きな札で支払う、などの状況は金銭トラブルなどがなければ不適切とは評価しません。

■1 介助されていない

ケース	選択理由
●ベッド中心の生活で通帳の管理と収支把握は自分でしている。妻に引き落としを頼み生活費を渡しており、妻が生活費全般の管理をしている	●自分の所持金の金銭管理状況で判断する。自分の所持金から家族へ生活費を渡している場合、この生活費の管理は含まれない
●通帳管理や収支把握もしている。自分でも財布を持つが手指の振戦があるため、受診の際のタクシー代や診察料は付き添う妻が払っている	●自分の所持金の金銭管理状況で判断する。また支払いの際の財布からの現金出し入れ行為は、金銭管理に含まれない

● 独居で、通帳管理と日常生活にかかわる支払いは自分でしている。手元に現金がなくなると孫に連絡して口座からの出金を頼んでいる。本人は計算や収支把握もしていると言うが実情はわからない	● 金銭管理に介助は行われておらず、また金銭トラブルもないことから不適切とはいえない

2 一部介助	
ケース	**選択理由**
● 対象者である夫は自分で金銭管理しているが、その夫が入院中のため妻が代わって夫の口座から現金の引き出しや支払いを行い、入院費等の出費を夫に報告している	● 現在の状況で選択するが、環境が大きく変わった場合には以前の状況を特記事項に記載する
● 独居で、入院先の病院から一時的に現在のサービス付高齢者住宅に退院した。施設入居に伴い妹に通帳や印鑑の保管を頼んだ。銀行からの引出しのみ妹に頼み、支払い、収支把握も自分でしている	● 通帳、印鑑の保管が介助されていることから選択する
● 通帳等の管理とその収支把握は息子がしており、対象者には小遣いとして現金が渡されている。対象者はその金額の範囲で買い物や支払いを自分でしている	● 対象者が金銭管理の一部である少額の現金のみ自己管理し、それ以外の金銭管理行為が介助されている場合は「一部介助」に該当する
● 妻と2人暮らし。金銭管理は夫婦2人分をまとめて妻がしており、それぞれの所持金の区別はない。脳梗塞後遺症で動作緩慢だが計算等はでき、受診時の支払いや買い物も1人でしている	● 夫婦2人分が対象者の所持金と考え、その所持金に対して収支把握と保管が介助されている

❸ 全介助

ケース	選択理由
●本人が安心するので現金を少額持たせているが、持っているのみで使う機会はなく、手元の現金の計算や収支把握もしていない	●少額の現金所持はしているが金銭管理に該当する行為をしていない場合は「全介助」に該当する
●通帳や現金の管理はしておらず、金銭に関わるのは行きつけの床屋で散髪したときの支払いのみで、その際は家族が代金を財布に入れて渡し、それを対象者が払ってくる	●介護者が準備した現金の出し入れのみ本人がしている場合は「全介助」に該当する
●現在、施設入所中で、通帳管理や入所費用の支払いはすべて成年後見人がしており、対象者は少額の現金も所持していない	●成年後見人によって通帳の収支把握や支払いなど、金銭管理全般が行われている場合は「全介助」に該当する
●施設入所中で、通帳は家族が管理し、現金は施設で預かっている。外出時や訪問販売で欲しい物を買うときは預り金から職員が支払っている。本人は購入金額の計算はできるが残金の把握はしていない	●能力の評価ではなく、現金・通帳の管理と収支把握に介助が行われているかで判断する

日常の意思決定（能力）

調査項目の定義

「日常の意思決定」の能力を評価する項目です。

　ここでいう「日常の意思決定」とは、毎日の暮らしにおける活動に関して意思決定できる能力をいいます。

選択肢の選択基準

1 できる（特別な場合でもできる）

● 常時、あらゆる場面で意思決定ができる。

2 特別な場合を除いてできる

● 慣れ親しんだ日常生活状況のもとでは、見たいテレビ番組やその日の献立、着る服の選択等に関する意思決定はできるが、ケアプランの作成への参加、ケアの方法・治療方針への合意等には、指示や支援を必要とする。

3 日常的に困難

● 慣れ親しんだ日常生活状況のもとでも、意思決定がほとんどできないが、見たいテレビ番組やその日の献立、着る服の選択等に関する意思決定をすることがある。

4 できない

● 意思決定がまったくできない、あるいは、意思決定ができるかどうかわからない場合等をいう。

選択の際の留意点

● 一定期間の定めはありません。
● 能力の項目ですが、日頃の状況で選択します。

●周りの人に相談している場合は、最終的に誰が決定しているかで選択します。

ポイント

●意思決定できる内容と頻度で判断します。

選択肢	（意思決定できる内容）
できる	（特別な場合でもできる）
特別な場合を除いてできる	（自分の身の回りのこと）
日常的に困難	（限定的なこと）
できない	（日常生活全般のこと）

選択肢 （意思決定できる内容）	具体例	頻度	決定方法
できる （特別な場合 でもできる）	受診の必要性の判断 治療方針の決定・合意 介護サービス利用の決定・合意 各種手続き　　など	いつもできる、 あるいはできると きが多い	自発的にできる
特別な場合を 除いてできる （自分の 身の回りのこと）	規則的な生活 必要な物の購入や依頼 薬の内服 更衣 整容 電話をかける　　など	いつもできる、 あるいはできると きが多い	自発的にできる
日常的に困難 （限定的なこと）	どこで過ごすか 何をして過ごすか 何を着るか 飲食するか 何を食べたいか トイレに行くか　　など	いつもできる、 あるいはできると きが多い	自発的あるいは 意向を聞かれる と答える
できない （日常生活 全般のこと）	日常生活全般	いつもできない、 あるいはできると きが少ない できるか判断でき ない	意向を聞かれて も答えられない

1 できる（特別な場合でもできる）

ケース	選択理由
● 自分1人では決定や判断に迷うときは家族や友人に助言を求め、それを参考にして自分で決定している	● 周囲の助言を受けるが、自分が主体となって決定している場合は「できる」と評価する
● 転倒で骨折し緊急入院した。手術することは家族が医師から説明を聞き了解した。近々退院予定で、医師の勧めでデイケアを利用することを自分で決めた	● 緊急の入院や手術は「日常の意思決定」には当たらないと考える。退院後のデイケア利用を自分で決定していることから選択する
● 地域の老人会の行事に数年前まで参加していたが、自身の起居動作の大変さや難聴から周りに迷惑をかけると思い、行事に参加しないことを自分で決めた	● 状況を理解して自分で妥当な決定をしていると評価する

2 特別な場合を除いてできる

ケース	選択理由
● 独居で、献立や買い物等身の回りの判断決定はしているが、郵便物や請求書等は週に数回自宅に来る娘に見てもらい処理している	● 身の回りのことは決定するが、重要な手続き等の判断決定に援助が必要な場合は該当する
● 病気に対する医師の説明は家族と聞き、手術については家族や周囲の勧めでしないことを決めた。日頃自分の身の回りのことは自分で決めている	● 治療方針等の決定等、特別なことの決定は対象者1人ではできず家族の援助が必要だが、身の回りの決定は自分でしている場合は該当する
● ほとんどのことは妥当に判断決定しているが、入浴が億劫で家族が説得しても拒否し、入浴は月3〜4回の生活である	● 常時あらゆる場面で妥当な意思決定ができているとはいえない。入浴以外の身の回りのことは妥当に決定していることから選択する

●施設入所中で、定期受診の際は施設看護師が付き添い、医師の話を家族に伝える。また、ケアプランなどは家族から了解をもらっている。自分で携帯電話を持ち、足りない物や食べたい物があると家族に電話して頼んでいる	●治療方針やケアプランなど大事なことには援助が必要だが、身の回りのことは自分で判断できていると評価できる

③ 日常的に困難

ケース	選択理由
●施設入所中で、日頃から自発的に行動することはなく、日常生活全般を職員から促されている。しかしレクリエーション参加等、興味のあることは自分から行きたいと言う	●限定的なことのみ決定している場合は該当する
●入院後2週間経過し、点滴、酸素両方継続中だが病識に乏しく、点滴を抜いたり酸素カニューレを外す行為がある。しかし家族が欲しい物を聞くと好物のプリンを頼む等妥当な返答をする	●入院後間もない等の特殊な状況ではない場合で、状況理解ができず、妥当な判断や決定もできないが、場面によって決定できるときがある場合は該当する
●現在、施設入所中。食事や体操等自分が好きなことには自発的に行動するが、失禁した下着を箪笥に隠したり、排泄介助を拒否する等、身の回りの大部分には指示や介助が必要である	●自分の身の回りのことを妥当に決定できるときが少ない場合は該当する
●現在入院中。ベッド中心の生活で日常生活全般に誘導や促しが必要だが、「食事は○○で食べたい」とか、食後に「早くベッドに横になりたいから部屋に連れて行って」などと看護師に訴える	●日常生活全般の決定に援助が必要だが、限定した事柄に対して自分で決定できる場合は該当する

4 できない

ケース	選択理由
●日頃身の回りのことで意思決定することはなく、日常生活全般に指示や誘導が必要である	●意思決定が「できない」と評価する
●意思疎通ができないため、意思決定できるか判断できない	●意思決定できるか判断ができない場合は「できない」を選択する
●現在入院中で、日頃から危険行為があり目が離せない。また指示が通らないためにやむを得ず身体拘束も行われており、調査の際は質問に対して妥当に答えることはできなかった	●日頃から指示が通らない、調査時も質問に答えられない状況から、意思決定が「できない」と評価する
●認知症があり、意思疎通はおおむね可能だが、失行・失認があって日常生活全般に介助が必要。飲食やどこで過ごすかなどを2択で聞いても答えないため、介護者が本人の反応を見ながら判断している	●意思疎通ができる場合でも、限定的な質問に答えられない場合は該当する

注意！

「できる」「できない」等の選択のみを行い、選択した理由を特記事項に記載していない場合があります。この項目は、単に能力を問うだけではなく、対象者の理解力や判断力を把握する項目であることから、可能な限り具体的な選択理由を特記事項に記載します。

5-4 集団への不適応（有無）

調査項目の定義

「集団への不適応」の行動の頻度を評価する項目です。

ここでいう「集団への不適応」の行動とは、家族以外の他者の集まりに参加することを強く拒否したり、適応できない等、明らかに周囲の状況に合致しない行動のことです。

選択肢の選択基準

1 ない

● 集団への不適応が、（過去に1回以上あったとしても）過去1か月間に1度も現れたことがない場合や月1回以上の頻度では現れない場合をいう。
● 意識障害、寝たきり等の理由により集団活動に参加する可能性がほとんどない場合も含まれる。

2 ときどきある

● 少なくとも1か月間に1回以上、1週間に1回未満の頻度で現れる場合をいう。

3 ある

● 少なくとも1週間に1回以上の頻度で現れる場合をいう。

選択の際の留意点

● もともとの性格や生活習慣等の理由から家族以外の集まりに入ることが好きではない、得意ではない場合は該当しません。
● 自ら集団に参加することを拒否する場合だけでなく、自らは拒否しないが周りの集団から拒まれる場合も含みます。

- 入院、施設入所などの「集団生活」に対する評価ではなく、身近なグループや集団行動に対しての評価です。
- 「集団のメンバーと気が合わないために参加しない」など、集団に参加しない「妥当」と判断できる理由がある場合は該当しません。
- 明らかに場面や周囲の状況に合致しない状況か否かが判断基準です。

1 ない	
ケース	選択理由
● 上下肢麻痺があるため他人の視線が気になり、集団の中に入ることに抵抗がある	● 集団の中に入ることに抵抗があるが、周囲の状況に合致しない行動とはいえない
● 1人のときも集団のときも、1つのことに集中できずに車椅子で動き回る	● 集中力が持続しないための行動で、定義に該当しない
● 施設入所中で、部屋やテーブル席等が変わると落ち着かなくなる	● 項目の定義に該当しない
● 施設入所中で、女性入所者にセクハラ行為があるためにテーブル席は女性の席と離して対応されている	● 周囲の状況に合致しない行動があるが、集団に参加できない状況とはいえないため、特記のみとすべき
● 施設入所中で、夜間の大声や物音など、周囲の状況に合わせた行動ができず、ほかの利用者からも苦情がきている	● 入院や入所などでの勝手な行動ではなく身近なグループや集まりへの参加に対する評価であり、この場合は該当しない

2 ときどきある	
ケース	選択理由
● 独居で被害的な考えや思い込みから近所の人たちとの関係はよくない。月1回ある町内の集まりには、毎回隣の市に住む息子に代わりに出席してもらっている	● 他者の集まりに参加することを強く拒否する等、明らかに周囲の状況に合致しない状態は該当する

● 以前から人の集まるところに行くのが嫌いで、1か月前に火傷をした際は受診を拒み、家族が火傷の状態を写真に撮り医師に事情を説明し写真を見せて薬を処方してもらっている	● 以前からの性格ではあるが、明らかに周囲の状況に合致しない行動は該当する
● 他人に気を遣う性格で以前から人付き合いは苦手だった。最近は他人にかかわることを強く拒否し、1週間前に家族の依頼でデイサービスの説明に来た地域包括の職員を「行きたくないので、もう来ないでくれ」と追い返す場面があった	● 以前からの性格であっても、家族以外の集まりに参加することを強く拒否する等、場面にそぐわない状態と考えられる場合は該当する

3 ある	
ケース	選択理由
● 週1回のデイサービスで、周囲がレクリエーションに誘うと毎回大きな声を上げて拒否し、1人でTVを見ている	● 集団に入ることに対し、強い拒否がある状態は該当する
● 家族以外の人と話ができない。精神科デイケアに毎日行っているがいつも集団に入らず行動し、町内や親族の集まりに出席することも拒否している	● 状況から、家族以外の集まりには適応できない状態と判断する
● 施設入所中で、自分勝手な行動や周りの人に対する暴言があり集団に入れてもらえない状態である	● 協調性に乏しいために集団に入れない状況であり、該当する
● 対人恐怖症で、他人と会いたくない、知っている人と顔を合わせるのが怖いとの思いから外出できない	● 相手が個人か集団かにかかわらず、他人と会うことを強く拒否したり、適応できない場合は該当する

5-5 買い物（介助の方法）

調査項目の定義

「買い物」の介助が行われているかどうかを評価する項目です。

ここでいう「買い物」とは、食材、消耗品等の日用品を選び（必要な場合は陳列棚から商品を取り）、代金を支払うことです。

選択肢の選択基準

1 介助されていない

● 「買い物」の介助が行われていない場合をいう。
● 食材等の日用品を選び、代金を支払うことを介助なしで行っている場合をいう。
● 店舗等に自分で電話をして注文をして、自宅へ届けてもらう場合も含む。

2 見守り等

● 買い物に必要な行為への「確認」「指示」「声がけ」のことをいう。

3 一部介助

● 陳列棚から取る、代金を支払う等、「買い物」の行為の一部に介助が行われている場合をいう。

4 全介助

● 「買い物」のすべてに介助が行われている場合をいう。

選択の際の留意点

● 店舗までの移動と店舗内での移動、また買った物の持ち運び等は含まれません。
● 電話やインターネットでの買い物も該当します。この場合、サービスの一部として提供される配達等は介助には含まれません。

236

- 買い物を依頼している場合は、買い物の依頼、陳列棚から選んで取る、代金の支払い、頼んだ人への支払いの一連の行為に対して介助が行われているかで判断します。
- 入院や施設入所中で、これらの施設から食事や消耗品の提供を受けている場合は、一括購入の介助を受けていると評価し、対象者に能力があっても「介助が行われている」と判断します。
- 寝たきりで買い物頻度が少ない、施設等が一括購入している等の場合は、買い物がおおむね過去1週間内で行われている必要はありません。
- 対象者が購入した物を介護者が精算や返品等を行っている場合は「一部介助」ですが、該当するかは頻度で判断します。

ポイント

- 買い物を依頼している場合は一連の行為が介助されていると判断しますが、購入する物の選択を対象者が行っている場合は「一部介助」になります。

1 介助されていない	
ケース	選択理由
●買い物は宅配サービスを利用しており、注文は自分で行い、代金は口座引き落としになっている。普段の生活はそれでほとんど足りている	●宅配サービスを利用し、品物を選ぶ、注文する、代金を支払う、一連の行為を介助なしで行っている
●独居で歩行困難だが援助者がおらず自分でコンビニに食材等を買いに行く。途中で転倒したり、100m程の距離に30分もかかっているが、店内で買物の一連の行為は1人でできる	●移動状態は不適切と考えられるが、買い物行為が不適切な状態とはいえない
●自分で商品を選んで支払いもするが、計算が得意でないためにいつも大きなお札を出して釣銭をもらう払い方である	●支払いも含め、買い物の一連の行為は介助なくできていると判断する

●脳梗塞後遺症で不全麻痺(ふぜんまひ)がある。買い物の一連の行為は自分でするが、買った物を駐車場まで運び、車に積むのは毎回夫がしている	●買った物の持ち運びは該当しない

2 見守り等

ケース	選択理由
●認知症があり、ヘルパーが同行して買い物に行く。商品を選んだり支払いをする際はヘルパーの指示と声がけが行われている	●買い物に必要な行為に対して付き添いが行われ、指示、声がけされている場合は見守りに該当する
●独居で、スーパーの宅配を利用している。購入商品を1人では決められず、ヘルパーと相談しながら決定している。注文と支払いは自分でしている	●商品を選ぶ行為に確認、指示が行われている

3 一部介助

ケース	選択理由
●軽度認知症がある。夫との2人暮らしで、不必要なものまで買ってしまうために夫が買い物に同行し、品物を選ぶのは夫、支払いは対象者がしている	●買い物の一連の行為に対して、商品を選ぶ介助が行われている
●独居で歩行困難なため、近所の人が自分の買い物のついでに買って来ている。対象者は欲しい物をメモして渡し、代金はあとで近所の人に払っている	●一連の行為のうち、商品を選んで棚から取り出す行為と、代金の支払いに介助が行われている
●重い物が持てないために棚から商品を取ったり、レジ台に置いたりすることのみ毎回家族の介助を受ける	●陳列棚から取り出す行為は買い物の一連の行為に含まれる

●独居で腰痛の持病がある。今までは介助なく、自分で週2～3回買い物に行っていたが、ここ10日間ほど腰痛で買い物に行っていない。2～3日前様子を見に来た息子に頼んで食材を買ってもらっている	●体調等で介助の方法が異なる場合は、おおむね過去1週間の状態で判断し、状況を特記事項に記載する
●近くのスーパーで1人で週1～2回買い物しているが、不要なものも買ってしまうため家族が週1回程度返品に行っている	●介護者が精算・返品などの介助を、おおむねその都度行っていると考えられる場合は該当する

🔢4 全介助

ケース	選択理由
●対象者は男性で、食べたい料理を作るために週に1～2回自分でスーパーに行き食材を購入し、自分で調理して家族にもふるまう。日頃の買い物はすべて家族に任せている	●能力ではなく介助の方法で評価する項目のため、日頃の買い物の状況と頻度から選択する。状況を特記事項に記載する
●入院中で、下着や雑誌等必要な物は自分で病院の売店に行って買って来ている	●能力での評価ではなく、また下着や雑誌は定義されている日用品には当たらない
●対象者は紙パンツやお菓子等自分が欲しい物を月に2～3回家族に頼んで買ってもらっている。食材や日用品等は家族が購入している	●購入依頼している物に消耗品も含まれるが、依頼頻度が少なく、また食材や日用品の買い物は全介助されていることから選択する
●施設入所中で、食べたい物や日用品は家族に依頼して購入している。食事は毎回施設から提供されている	●「選択の際の留意点」参照

簡単な調理（介助の方法）

調査項目の定義

「簡単な調理」の介助が行われているかどうかを評価する項目です。

ここでいう「簡単な調理」とは、「炊飯」「弁当、惣菜、レトルト食品、冷凍食品の加熱」「即席めんの調理」をいいます。

選択肢の選択基準

1 介助されていない

● 「簡単な調理」の介助が行われていない場合をいう。

2 見守り等

● 「確認」「指示」「声がけ」等が行われていることをいう。

3 一部介助

● 「簡単な調理」の行為の一部に介助が行われている場合をいう。

4 全介助

● 「簡単な調理」のすべてに介助が行われている場合をいう。

選択の際の留意点

● 能力ではなく、介助の方法で選択します。
● おおむね過去1週間の状況で、対象者の食事に関して「炊飯」「温め（加熱）」「即席めんの調理」のうち、実際に発生している行為を特定し、その行為に対して行われている介助の方法を評価し、その頻度から選択します。
● 一般的なおかずを作る行為は含まれません。
● 即席めんについては具体的に何が該当するか定めがありません。

● 経管栄養の流動食は、温められて提供されている場合は「レトルト食品の加熱」に該当
します。

ポイント

● 対象となる行為は「炊飯」「温め」「即席めんの調理」の3点で、それぞれの行為におけ
る介助の方法で選択します。
● 排泄や薬の内服項目のように「一連の行為」として判断するものではありません。
● それぞれの行為で介助の方法が異なる場合があり注意が必要です。
　たとえば、炊飯と温めの行為が同じ頻度であるケースです。炊飯は便宜上家族全員分を
介護者が行い、温めなどは対象者が自分で行っている場合があります。この場合「炊飯は
介助されるが温めは介助されていない」との評価になります。このようなケースでは頻度
での選択が難しいため、対象者の状態像や生活状況を総合的に判断して選択することにな
ります。そして、具体的な状況を特記事項に記載します。

1 介助されていない

ケース	選択理由
● 炊飯のみ自分でしているが、ヘルパーに調理の援助を受けている	● 「簡単な調理」に該当する行為は炊飯であり、おかずを作る調理には該当しない
● 朝食は食べたり食べなかったり、昼食は買って来たおにぎり、夕食は宅配弁当を食べている。今の時期は温めることなくそのままを食べている	● 簡単な調理に該当するものがない
● 長男家族と同居しており日中は独居。炊飯と調理は嫁が毎日している。対象者は日中自分で惣菜を温めて食べており、ときどき煮物を作ったりもしている	● 炊飯は介助されるが惣菜の温めは介助されていないケース。この場合、炊飯は便宜上家族と一緒に行われていると判断し、自分で温めや煮物を作っている状況から選択する

●独居で、近くに住む娘が自分の家で作ったご飯や調理した惣菜を持って来てくれており、対象者は自分では調理はせずいつももらったものを温めて食べている	●同居家族以外の人が作ったものを分けてもらう行為は介助には該当しない。温めを自分でしていることから選択する
●経管栄養の流動食は温めないが、白湯で割って温かくして流している	●流動食の温めはレトルト食品の加熱に該当するが、白湯で割る行為は該当しない
●住宅型有料老人ホームに入居中。食事は毎食外注の有料配食サービスを利用しており、今の季節は温めなしで食べている	●有料の配食サービスの場合は宅配弁当と同じと考え、温めが行われていないことから選択する
●現在入院中で持続点滴を実施中。昼食のみ介助で経口からお粥を食べている	●「過去14日間の特別な医療」の項目で点滴を選択し、点滴を食事と判断している場合は該当しない

２ 見守り等

ケース	選択理由
●夫婦２人暮らしで、対象者が炊飯しているが認知症があり米の量の判断がつかない。そのため毎回夫が米の量を指示、確認している	●炊飯に対して指示、確認の介助が行われている
●夫と２人暮らしで、調理はせず近所のスーパーから惣菜を買って食事している。炊飯は対象者が毎日行うが、レンジの使い方がわからないために食事のたびに夫の指示、声がけを受けてレンジで惣菜の温めを行っている	●炊飯に介助はないが、惣菜の加熱が見守りされており、その頻度から選択する
●夫との２人暮らしで、炊飯は自分でしているが、米を研がずに炊飯するなどの失敗が多くなった。おかずのみ宅配弁当を利用している	●炊飯の状況は不適切として、身体状況から「見守り」を選択するのが妥当と考える

③ 一部介助

ケース	選択理由
● 家事にかかわらせたいという家族の意向で娘が前日に炊飯器をセットし、対象者が翌朝、炊飯器のスイッチを入れている	● 炊飯の一部が介助されている
● 認知症のある妻と2人暮らし。炊飯を妻と2人で行っており、妻が米を研ぎ対象者が水加減をしている。調理はせず、宅配弁当のおかずのみ届けてもらっている	● 同上

④ 全介助

ケース	選択理由
● 炊飯と調理は家族がするが、朝だけ自分で紅茶、トーストを用意して食べている	● 紅茶、トーストは簡単な調理に該当しない
● 炊飯やレトルトの温めは介助を受けるが、味噌汁のみ自分で作っている	● 味噌汁作りは簡単な調理に該当しない
● 娘との2人暮らし。対象者は視力障害で細かい物が見えず、炊飯は娘が毎日している。煮物等のおかずは対象者が作っており、惣菜の温めもときどきしている	● 該当する行為は炊飯と惣菜の温めで、炊飯は全介助されており、頻度から選択する。自分でおかずを作ったりしていることを特記事項に記載する
● 2世帯住宅で1階に1人で住んでいる。1か月前に右肩を骨折し、簡単な調理を含めた調理は一切できない。現在、長男一家の調理援助を受け、1階に運んでもらって食べている	● このケースの場合、別世帯で調理した物を分けてもらって食べているのではなく、対象者のために炊飯や調理が行われている状況から、簡単な調理が介助されていると評価する

> **注意!**
>
> 一般的な「調理（おかず、惣菜等を作る）」と、「簡単な調理」は同じではありません。あくまでも定義に該当するもので判断します。

過去14日間に受けた特別な医療について［有無で評価する項目］

■ 調査項目の定義と選択肢の選択基準

「過去14日間に受けた特別な医療の有無」を評価する項目です。

　ここでいう「特別な医療」とは、医師、または、医師の指示に基づき看護師等によって実施される医療行為に限定されます。サービスを提供する機関の種類は問わず、医師の指示が過去14日以内に行われているかどうかも問いません。

　家族、介護職種の行う類似の行為は含みませんが、「7.気管切開の処置」における開口部からの喀痰吸引（気管カニューレ内部の喀痰吸引に限る）および「9.経管栄養」については、必要な研修を修了した介護職種が医師の指示のもとに必要な要件を満たしたうえで行われる場合は含まれます。

■ 選択の際の留意点及び特記事項記載の留意点

- 継続して実施されているもののみが対象で、急性期の対応で一時的に行われている医療行為は含まれません。
- 過去14日以内に行われたものであっても調査時点ですでに終了、治癒している場合は継続して行われていないため該当しません。
- この項目の実施状況は対象者、家族、または看護師からの情報で判断し、状況を確認するために医療機関や訪問看護ステーション等に問い合わせをすることは、守秘義務や治療内容の告知の観点から適切ではありません。
- 実施頻度（継続性）、実施者、当該医療行為を必要とする理由をわかる範囲で特記事項に記載します。
- 急性期対応かどうかの判断ができない場合は、開始時期や終了予定時期を特記事項に記載します。

1　点滴の管理

調査項目の定義

　「点滴の管理の有無」を評価する項目です。ここでいう「点滴の管理」とは、医師の指示に基づき、過去14日以内に看護師等によって実施された行為のみとし、急性期の治療を目的とした点滴は含みません。

選択の際の留意点

● 点滴針が留置されているものの、調査時に点滴が行われていない場合であっても、必要に応じて点滴が開始できる体制にあれば該当します。
● 「8.疼痛（とうつう）の看護」で点滴が行われている場合は点滴、疼痛の看護の両方に該当します。

ポイント

　調査の際に点滴が行われているかのみで判断するものではありません。

Ⅰ.調査時に点滴が行われている場合

　①今後も継続して行う見込み→該当

　②継続して行うか未定→該当

　③現在点滴している分が終わったら終了→非該当　状況を特記事項に記載

Ⅱ.調査時に点滴が行われていない場合

　①定期的に点滴を行う必要があり、過去14日以内に複数回行っている→該当。状況を特記事項に記載

　②必要に応じて点滴するように指示があり、現在も点滴針が留置されている。過去14日間にも複数回行っている→該当。状況を特記事項に記載

　③必要に応じて点滴するように指示があり、毎日は点滴していないが過去14日以内に複数回行っており、継続的に行っていると評価できる→該当。状況を特記事項に記載

　④必要に応じて点滴するように指示があり、過去14日間に行った回数は少ない→非該当。状況を特記事項に記載

❶ ない	
ケース	選択理由
● 感染症で発熱があり抗生剤の点滴中だが、解熱してきたため明日で終了の指示がある	● 急性疾患に対する一時的な点滴は該当しない
● 食事摂取量を見ながら点滴しており、過去14日間では4回点滴が行われたが、調査時は行われておらず、針の留置もなかった	● 継続して行われているとはいえず、また、頻度から判断して該当しない
● 貧血があり通院中。採血の結果で輸血が行われているが、ここ2週間内では輸血は行われていない	● 継続して行われていない場合は該当しない

❷ ある	
ケース	選択理由
● 食事を食べているが、摂取量が少ないために点滴と併用中である	● 継続的に実施されているものであれば該当する
● 通院での抗がん剤治療中で、1週間に1回通院し、外来で毎回点滴している	● 点滴針は留置されていなくても、通院で継続して行われていれば該当する
● 点滴チューブを引き抜く行為があるために持続点滴ができず、毎日抜き刺しで点滴が行われている	● 抜き刺しであっても継続して点滴が行われている場合は該当する
● 入院中に急に具合が悪くなり、調査2日前から点滴が開始された。今後も点滴が続くかは不明	● 現在、点滴中で、終了予定がない場合は該当する
● 老衰状態で看取り対応中。食欲がなく、食事摂取量が少ないときは点滴するように指示があり、抜き差しではあるが、ここ5日間は連続して点滴している	● 点滴しないときがあっても、継続して行われていると評価できる場合は該当する

調査項目の定義

「中心静脈栄養の有無」を評価する項目です。ここでいう「中心静脈栄養」とは、医師の指示に基づき、過去14日以内に看護師等によって実施された行為のみとします。

選択の際の留意点

- 経口摂取と併用している場合も含みます。
- 現在、中心静脈ルートからは補液剤等が注入されており、高カロリー輸液剤等による中心静脈栄養が行われていなくても、必要に応じて実施できる状況にある場合は該当します。

（ポイント）

- 基本的に栄養目的の場合が該当します。

1 ない	
ケース	選択理由
● IVHポートが埋め込みされたが、まだ何も注入されていない	● IVHポートが埋め込みされている場合でも、何も注入されていない場合は該当しない
● 末梢血管が細くて点滴ができず、中心静脈カテーテルを留置して抗生剤の点滴を行っている	● 栄養目的でない場合は点滴に該当する

❷ある	
ケース	選択理由
●中心静脈栄養が行われ、側管から点滴も行われている	●一時的なものではなく継続的に行われている場合は中心静脈栄養と点滴の両方が該当する
●経口からの食事が開始されたため、現在中心静脈からは補液剤のみが注入されている状態。今後食事量が増えない場合は高カロリー剤が再開される予定である	●現在栄養分が注入されていない場合でも、必要に応じて中心静脈栄養が開始できる状態の場合は該当する
●2日前から経口からの食事が開始になった。しかし食事摂取量は少なく、中心静脈栄養との併用である	●経口摂取と併用であっても、中心静脈栄養が行われている場合は該当する

3 透析（とうせき）

調査項目の定義

　「透析の有無」を評価する項目です。ここでいう「透析」とは、医師の指示に基づき、過去14日以内に看護師等によって実施された行為のみとします。

選択の際の留意点

- ●血液透析、腹膜透析など、透析の方法や種類は問いません。
- ●腹膜透析で看護師等が透析行為に直接かかわっていなくても、付属するカテーテル等の管理が行われている場合は該当します。

ポイント

- ●過去おおむね14日間に医療機関や看護師等とのかかわりがない場合は該当しません。その際は状況を特記事項に記載します。

1 ない	
ケース	選択理由
●急性腎不全で入院し人工透析を3日間のみ行った。現在は食事と内服治療のみ	●急性期の治療として一時的に実施された場合は該当しない
●腹膜透析を自宅で毎日1人で行っている。定期受診は1か月ごとで、その他に尿の性状に異常があれば随時受診している。訪問看護は利用していない	●過去14日以内に医療機関や看護師等のかかわりがない場合は該当しない

2 ある	
ケース	選択理由
●週3回1人で車を運転して人工透析に通院している	●透析に対して援助が行われているかは問わない
●腹膜透析を自宅で毎日1人で行っている。2週間に1回訪問看護師によって消毒や感染症のチェックが行われている	●透析に対する援助はなくても、看護師等によって透析に伴う処置等が行われている場合は該当する

4 ストーマ（人工肛門）の処置

調査項目の定義

　「ストーマ（人工肛門）の処置の有無」を評価する項目です。ここでいう「ストーマ（人工肛門）の処置」とは、医師の指示に基づき、過去14日以内に看護師等によって実施された行為のみとします。

選択の際の留意点

●ストーマ造設者に対して、ストーマ周囲の洗浄、消毒、面板の交換、パウチの交換等の

処置が行われているかを評価します。

●ウロストーマは該当しません。

●ストーマの処置のすべてが看護師等によって行われている必要はありません。処置の一部が看護師等によって行われていれば該当します。

ポイント
●看護師の指示で介護職員や家族によって行われた処置等は該当しません。

1 **ない**	
ケース	選択理由
●ストーマの面板、パウチ交換は家族が行っており、処置は月1回通院して消毒と皮膚状態がチェックされているのみである	●14日以内に医療機関や看護師等による処置が行われていない場合は該当しない
●現在、施設入所中。入浴の際に介護士によってストーマの皮膚状態観察や面板交換が行われている。異常があったときは看護師に報告しているが過去14日で看護師による処置などはなかった	●看護師の指示で行われた介護士による処置は該当しない

2 **ある**	
ケース	選択理由
●1週間に2回訪問看護師によってストーマの状況がチェックされている。処置は毎回は行われていないが必要に応じて消毒や軟膏塗布等が行われている	●観察のみで実際の処置が行われていない場合は該当しないが、観察の結果で何らかの処置が行われる状況の場合は該当する
●面板、パウチ交換は家族が行っており、2週間に1回通院して医師によってストーマの皮膚状態の観察と消毒が行われている	●処置を医師が行っている場合も該当する

5 酸素療法

調査項目の定義

「酸素療法の有無」を評価する項目です。ここでいう「酸素療法」とは、医師の指示に基づき、過去14日以内に看護師等によって実施された行為のみとします。

選択の際の留意点

● 実施場所は問いません。
● 継続して実施されている酸素療法のみが対象で、急性期などの対応で一時的に行われている場合は該当しません。

ポイント

● 継続して行われている場合でも、過去おおよそ14日間に医療機関や看護師等との関わりがない場合は該当しません。その際は状況を特記事項に記載します。

1 ない	
ケース	選択理由
● 在宅酸素療法中だが、14日以内では医療機関や訪問看護との関わりはない	● 14日以内に医療機関受診や訪問看護による酸素量の管理や処置が行われていなければ該当しない
● 入院中で、2日前まで酸素療法が行われていたが現在は行われていない	● 継続されていない場合は該当しない
● 在宅酸素療法が行われており、外来診察は2か月に1回で、直近では1か月前に受診した。状態は安定しており、訪問看護は利用していない	● 在宅酸素療法の管理を自分で行っており、過去おおよそ14日間に医療機関や看護師等とのかかわりがない場合は該当しない

2 ある	
ケース	選択理由
●在宅酸素療法中で、2週間ごとに外来受診し、診察を受け血中酸素飽和度をチェックしている	●通院で酸素療法の管理が継続して行われている場合は該当する
●自宅で夜間のみマスク式人工呼吸器を使用しており、その際は酸素2ℓ／分使用している。週1回訪問看護師が酸素飽和度と呼吸状態の確認をしている	●夜間のみであっても該当する。この場合はレスピレーターと両方が該当する

6 レスピレーター（人工呼吸器）

調査項目の定義

　「レスピレーター（人工呼吸器）の有無」を評価する項目です。ここでいう「レスピレーター（人工呼吸器）」とは、医師の指示に基づき、過去14日以内に看護師等によって実施された行為のみとします。

選択の際の留意点

●レスピレーターは、経口、経鼻、気管切開の有無、呼吸器を使用する時間や機種は問いません。

ポイント
●酸素が使用されている場合は酸素療法も該当します。

1 ない	
ケース	選択理由
●睡眠時無呼吸があり、自宅で夜間のみマスク式人工呼吸器を使用している。おおむね過去14日以内では外来受診や、訪問看護師のかかわりはない	●レスピレーターを使用していても、過去14日以内に医療機関受診や看護師等のかかわりがない場合は該当しない
●肺炎で入院した。現在も酸素マスクによる酸素療法が行われている	●酸素マスクはレスピレーターには該当しない。この場合は酸素療法に該当する

2 ある	
ケース	選択理由
●睡眠時無呼吸があり、夜間のみ鼻マスク式人工呼吸器を使用している。週1回訪問看護での酸素飽和度のチェックが行われている	●人工呼吸器を使用する時間や人工呼吸器の機種は問わない
●ALSで気管切開し、酸素を使ってのレスピレーターを使用している。週2回訪問看護師によって呼吸状態の管理が行われている	●レスピレーターと酸素療法の両方が該当する。また気管切開で何らかの処置が行われていれば気管切開の処置も該当する

7　気管切開の処置

調査項目の定義

　「気管切開の処置の有無」を評価する項目です。ここでいう「気管切開の処置」とは、医師の指示に基づき、過去14日以内に看護師等によって実施された行為のみとします。

選択の際の留意点

- カニューレの交換、開口部の消毒、ガーゼ交換、痰の吸引等の処置が該当します。
- 要件を満たした介護職員によって実施された気管カニューレ内の痰の吸引も含みます。
- 永久気管孔に対する処置も該当します。

ポイント

- レスピレーターを使用し、酸素も使用している場合は、それぞれの項目で該当します。

1 ない	
ケース	選択理由
● 在宅介護で気管切開しているが訪問看護の利用はなく、過去2週間内の通院や処置も行われていない	● 過去14日以内に医療機関受診や看護師等のかかわりがない場合は該当しない
● 家族によって気管切開部からの痰の吸引が行われている	● 家族が行っている処置は該当しない

2 ある	
ケース	選択理由
● 看護師である娘が自宅で対象者の痰の吸引をしている。主治医は娘が看護師であることを承知しており、随時痰の吸引をするよう娘に話している	● 看護師としての娘に主治医が指示をしている場合は、医療行為と判断する
● 喉頭がん術後で入院中。永久気管孔があり、痰の吸引の必要はないが、呼吸の加湿目的に首に巻いてあるエプロンガーゼを看護師が毎日交換している	● エプロンガーゼ交換が医師の指示のもとに行われている場合は該当する

254

●気管切開し気管カニューレ挿入している。毎日家族がガーゼ交換し痰の吸引を行い、週2回訪問看護師が気切孔の消毒と呼吸状態の観察をしている	●訪問看護師による気切孔処置と呼吸状態観察が該当する

8 疼痛の看護

調査項目の定義

　「疼痛の看護の有無」を評価する項目です。ここでいう「疼痛の看護」とは、医師の指示に基づき、過去14日以内に看護師等によって実施された行為のみとします。

選択の際の留意点

●想定される疼痛の範囲は、がん末期のペインコントロールに相当する強い痛みであり、これに対して行われている鎮痛薬の点滴、硬膜外持続注入、座薬、貼付型経皮吸収剤、注射が該当します。内服薬は該当しません。

ポイント

●「がん末期のペインコントロールに相当する痛み」には医療用麻薬の内服が処方されている場合が多いが、要介護認定は「介護の手間」で判定されるため、病期に関係なく内服薬は該当しません。

「ガン末期のペインコントロールに相当する強い痛み」に関する保険者の認識

　私が現在認定調査委託を受けている3つの市の担当者に「疼痛の看護」について以下の3つの質問をしました。

Q1：該当する疾患についてはどのように判断しているか

Q2：痛みの程度とその治療について、どのような状況が該当するか

Q3：調査票と主治医意見書との整合性を求めるか

　この質問に対し、3つの市ともに以下のとおり同じ回答でした。

A1：疾患について判断するのは審査会だが、これまで"がんのみが該当する"とされたことはない。

A2：痛みについてはテキストにある「がん末期のペインコントロールに相当する痛み」としか言いようがない。具体的な評価基準はない。また、治療については「医療用麻薬」を使用している場合が該当すると考えている。

A3：整合性は求めない。主治医意見書に病状や使用薬剤名の記載がない場合でも事務局から主治医に照会することはしない。

❶ ない

ケース	選択理由
●変形性膝関節症があり、痛みが強いために1週間に1回膝に痛み止めの注射が行われている	●一般的な腰痛や関節痛等に対して行われる痛み止め注射は該当しない
●がん末期で在宅療養中。麻薬性鎮痛剤を4時間毎に内服している	●麻薬性鎮痛剤であっても内服薬は該当しない。状況を特記事項に記載する

❷ ある

ケース	選択理由
●施設入所中で、がんの骨転移があり麻薬性鎮痛剤の貼付が2日に1回看護師によって行われている	●がん末期のペインコントロールに相当する痛みがあり、その鎮痛目的の貼付剤は該当する

● 多発性骨髄腫による強い腰痛があり、1日2〜3回鎮痛座薬を看護師が挿入している	● 多発性骨髄腫は血液のがんであり、それに伴う強い痛みがあり、オピオイドは使用していないが鎮痛座薬を使用している場合は該当する
● がん性疼痛があり、在宅で訪問看護師による鎮痛麻薬の持続皮下注入が行われている。週1回看護師によって薬剤管理や注入部の観察が行われている	● がん性疼痛に対し鎮痛麻薬を使用する持続皮下注入は注射に該当する

9 経管栄養
けい かん えい よう

調査項目の定義

「経管栄養の有無」を評価する項目です。ここでいう「経管栄養」とは、医師の指示に基づき、過去14日以内に看護師等によって実施された行為のみとします。

選択の際の留意点

● 経口、経鼻、胃ろう等、経管栄養の形態は問いません。
● 一部食事の経口摂取が可能な場合でも、実際に経管栄養が行われている場合は該当します。
● 医師や看護師によるカテーテルやチューブ交換も含まれます。
● 要件を満たした介護職員によって実施された場合も含みます。
● チューブやカテーテルの挿入先が胃であるか腸であるかは問いません。

ポイント

● 実際に経管栄養が行われている場合が該当しますが、一時的に中断されているものの再開の予定が立っている場合は該当します。

1 ない	
ケース	選択理由
●在宅で胃ろうからの経管栄養を家族が行っている。訪問看護は利用しておらず、過去おおむね14日以内でも外来受診もしていない	●過去14日以内に医療機関受診や看護師等のかかわりがない場合は該当しない
●入院中で、胃ろう造設したが経口摂取ができるようになり、現在経管栄養は行われていない。胃ろう部の処置のみ看護師によって連日行われている	●経管栄養が行われていない場合は、継続して胃ろう処置が行われている場合であっても該当しない

2 ある	
ケース	選択理由
●現在入院中で、経管栄養が継続して行われているが、1週間前に嘔吐と発熱があり経管栄養を中止した。中止後は点滴が行われているが、一般状態が安定すれば経管栄養を再開する予定である	●一時的に中断している場合でも、経管栄養を再開、継続していく予定であることから該当する。点滴は急性期治療目的のため該当しない
●在宅で胃ろうからの経管栄養が行われている。経管栄養にかかわる一連の行為は毎回家族が行っている。週1回訪問看護師が胃ろう部の観察と処置を行っている	●経管栄養にかかわる医療行為としての胃ろう部処置が、看護師等によって行われている場合は該当する
●家族に看護師がおり、主治医はこの人に胃ろう部の管理を指示しており、訪問看護の利用はない	●看護師としての家族に医師が指示を出している場合は該当する。指示がなく自主的にしている場合は該当しない
●経腸栄養が行われており、対象者が自分で一連の行為を行っている。2週間に1回通院して腸ろう部の消毒や処置が行われている	●経腸栄養が行われ、過去14日以内に看護師等によって経腸栄養に関わる処置等が行われていれば該当する

10 モニター測定（血圧、心拍、酸素飽和度等）

調査項目の定義

「モニター測定（血圧、心拍、酸素飽和度等）の有無」を評価する項目です。ここでいう「モニター測定（血圧、心拍、酸素飽和度等）」とは、医師の指示に基づき、過去14日以内に看護師等によって実施された行為のみとします。

選択の際の留意点

- 血圧、心拍、心電図、酸素飽和度のいずれかが、24時間にわたって継続的に測定されている場合が該当します。
- 血圧は、1時間に1回以上測定されている場合に限ります。

ポイント

- 該当するのはベッドサイドやナースステーションなどにモニター画面があって、継続的に測定記録し、異常時にアラームなどで教えてくれる監視装置によるものです。
- モニターで監視されている人は、術後やカテーテル治療などの急性期対応を除けば、重篤または急変の可能性のある方です。調査の際はモニター測定を必要とする疾患名と身体状況の聞き取りをします。

1 ない	
ケース	選択理由
● 週2回の訪問看護の際、看護師によって血中酸素飽和度のチェックが毎回行われている	● 該当するのは24時間継続的に行われている場合であり、この場合は該当しない
● 現在入院中。呼吸状態がよくないために、看護師判断で血中酸素飽和度の確認が行われている。医師の指示は出ていない	● 医師の指示がない場合は該当しない

2 ある	
ケース	選択理由
● 動悸があるため、心電波形と心拍数が24時間モニターされている	● 24時間継続して観察されている
● 指に血中酸素飽和度測定プローブを付けて24時間酸素飽和度が測定されている	● 24時間継続してモニター測定されている場合は該当する

11 褥瘡の処置

調査項目の定義

　「褥瘡の処置の有無」を評価する項目です。ここでいう「褥瘡の処置」とは、医師の指示に基づき、過去14日以内に看護師等によって実施された行為のみとします。

選択の際の留意点

● 褥瘡の部位、大きさ、処置の頻度は問いません。
● 看護師等がかかわらず、家族や介護職員のみで行っている洗浄やガーゼ交換などは該当しません。

ポイント
● 褥瘡がある場合に、現在の状態に対して医師による処置の指示があるかで判断します。

1 ない	
ケース	選択理由
● 末梢循環不全からの壊死があり、連日処置が行われている	● 褥瘡と関連しない壊死は該当しない

●グループホーム入所中で、褥瘡に対し介護職員が看護師に指示されて処置を行っている	●介護職員による処置の場合は該当しない
●低温熱傷による創傷の処置が訪問看護師によって行われている	●熱傷は該当しない
●入退院を繰り返しており、前回入院時は褥瘡になっている。1か月前に再入院したがその際臀部（でんぶ）に発赤があったため看護師が予防的にフィルム剤を貼っている	●医師の指示に基づかない処置の場合は該当しない
●仙骨部に表皮剥離（はくり）ができたため訪問看護での処置を開始した。主治医の診察と指示はまだない	●実際に処置が行われている場合でも、調査の時点で医師の指示がない場合は該当しない

2 ある	
ケース	選択理由
●現在、施設入所中で、褥瘡（じょくそう）に対して週2回非常勤の看護師が処置を行い、それ以外の日は介護職員が処置している	●14日以内に看護師の処置がある場合は該当する
●入院中から褥瘡があり、治癒しない状態で1週間前自宅に退院した。入院中は看護師が処置していたが現在は家族が処置している。今後は往診依頼予定である	●一次的に家族が処置中だが、1週間前まで看護師によって処置が行われ、今後は往診等で処置が継続されると判断して選択する。状況を特記事項に記載する
●褥瘡は治癒しているが、医師の指示で予防的に軟膏の塗布が看護師によって継続して行われている	●褥瘡がない場合であっても、医師の指示で再発予防目的で行われている処置は該当する
●現在、入院中で、医師の直接の指示はないが、褥瘡認定看護師の指示で褥瘡処置が継続して行われている	●病院のシステムとして行われている場合は、医師の指示があるものとして選択する

カテーテル（コンドームカテーテル、留置カテーテル、ウロストーマ等）

調査項目の定義

　「カテーテル（コンドームカテーテル、留置カテーテル、ウロストーマ等）の有無」を評価する項目です。ここでいう「カテーテル（コンドームカテーテル、留置カテーテル、ウロストーマ等）」とは、医師の指示に基づき、過去14日以内に看護師等によって実施された行為のみとします。

選択の際の留意点

- 排尿目的のカテーテル使用のみが該当します。
- カテーテルの留置がされているかは問いません。
- 使用されているカテーテルの管理が、看護師等によって行われている場合に該当します。

ポイント

- 該当する行為は、排尿のためのカテーテル、ウロストーマの尿バッグまたはパウチの交換および管理です。

1 ない	
ケース	選択理由
● 術後でドレーンチューブからの胆汁排出が行われており、看護師によって流出確認や胆汁の破棄が行われている	● 排尿目的でない術後のドレナージは該当しない
● 在宅で間欠自己導尿を行っており、訪問看護は利用していない。月1回受診して新しいカテーテルを処方してもらっており、前回受診は3週間前である	● 自己導尿のカテーテル管理は該当するが、過去14日以内に医師や看護師等の介入がない場合は該当しない

<table>
<tr><th colspan="2">2 ある</th></tr>
<tr><th>ケース</th><th>選択理由</th></tr>
<tr>
<td>● 現在、入院中で、尿カテーテルが留置されている。カテーテルの交換は月1回で、前回は3週間前である</td>
<td>● 入院中の場合は、カテーテル交換以外にも抜けやねじれ、流出の確認等のカテーテル管理が日々看護師等によって行われていると評価する</td>
</tr>
<tr>
<td>● 施設入所中で、膀胱（ぼうこう）ろうによるウロストーマがあり、毎日施設看護師がウロストーマの管理とバッグ内の尿破棄をしている</td>
<td>● ウロストーマの皮膚状態の観察やカテーテルの管理が該当する</td>
</tr>
<tr>
<td>● 自宅で自己間欠導尿しており、導尿の一連の行為は自分で行っている。訪問看護師が週1回訪問し口頭で状況を確認している</td>
<td>● 口頭であっても、状況によっては看護師によってカテーテル交換や消毒が行われる体制にある場合はカテーテル管理に該当する</td>
</tr>
<tr>
<td>● 腎ろうを造設しており、1週間に1回訪問看護師がカテーテルの管理をしている</td>
<td>● 看護師による腎ろう部のガーゼ交換、カテーテル固定等の管理が該当する</td>
</tr>
</table>

1 障害高齢者の日常生活自立度 （寝たきり度）

■ 判定の基準

- 調査対象者について、日頃の生活状況から判定基準表を参考に判定します。なお、まったく障害等を有しない場合は自立を選択します。
- この判定基準は、医療や介護の現場で保健師等が障害を有する高齢者の日常生活自立度を客観的に判定する目的で作成されたものです。

ポイント

- 判定にあたっては、「～することができる」といった能力の評価ではなく、日常生活で実際に行っている状況を評価・判定します。
- 移動の状況に着目して評価・判定します。
  - ※「認定調査員テキスト」では「寝たきり度」となっていますが、判定基準と留意事項では「移動」の状況で判定するとしています。実際には移動で判断している保険者が多いようです。

生活自立	ランク J	何らかの障害等を有するが、日常生活はほぼ自立しており独力で外出する 1. 交通機関等を利用して外出する 2. 隣近所へなら外出する
準寝たきり	ランク A	屋内での生活はおおむね自立しているが、介助なしには外出しない 1. 介助により外出し、日中はほとんどベッドから離れて生活する 2. 外出の頻度が少なく、日中も寝たり起きたりの生活をしている
寝たきり	ランク B	屋内での生活は何らかの介助を要し、日中もベッド上での生活が主体であるが、座位を保つ 1. 車椅子に介助なしで移乗し、食事、排泄はベッドから離れて行う 2. 介助により車椅子に移乗する
	ランク C	日中ベッド上で過ごし、排泄、食事、着替えにおいて介助を要する 1. 自力で寝返りを打つ 2. 自力では寝返りも打てない

■ **判定にあたっての留意事項**

● おおむね過去1週間内のより頻回に見られる状況や日頃の状況で判定します。

● 装具や自助具等の器具を日常的に使用している場合は、使用している状況で判定します。

● 時間帯や体調等によって状況が異なる場合は、一定期間（調査日よりおおむね過去1週間）の状況において、より頻回に見られる状況や日頃の状況で判定します。

■ **解説**

ランクJ

何らかの身体的障害等を有するが、日常生活はほぼ自立し、1人で外出する者が該当する。なお、障害等とは疾病や傷害およびそれらの後遺症あるいは老衰により生じた身体機能の低下をいう。

● J-1：バス、電車等の公共交通機関を利用して積極的にまた、かなり遠くまで外出する場合が該当する。

● J-2：隣近所への買い物や老人会等への参加等、町内の距離程度の範囲までなら外出する場合が該当する。

ランクA

「準寝たきり」に分類され、「寝たきり予備軍」ともいうべきグループであり、いわゆるhouse-boundに相当する。屋内での日常生活活動のうち食事、排泄、着替えに関してはおおむね自分で行い、留守番等をするが、近所に外出するときは介護者の援助を必要とする場合が該当する。

なお、「ベッドから離れている」とは離床のことであり、ふとん使用の場合も含まれる。

● A-1：寝たり起きたりはしているものの食事、排泄、更衣時はもとより、その他の日中時間帯もベッドから離れている時間が長く、介護者がいればその介助のもと、比較的多く外出する場合が該当する。

● A-2：日中時間帯、寝たり起きたりの状態にはあるもののベッドから離れている時間のほうが長いが、介護者がいてもまれにしか外出しない場合が該当する。

ランクB

「寝たきり」に分類されるグループであり、いわゆるchair-boundに相当する。B-1と

B-2とは座位を保つことを自力で行うか介助を必要とするかで区分する。日常生活活動の
うち、食事、排泄、更衣のいずれかにおいては、部分的に介護者の援助を必要とし、1日
の大半をベッドの上で過ごす場合が該当する。排泄に関しては、夜間のみオムツをつける
場合には、介助を要するものとはみなさない。なお、車椅子は一般の椅子や、ポータブル
トイレ等と読み替えても差し支えない。

- B-1：介助なしに車椅子に移乗し食事も排泄もベッドから離れて行う場合が該当する。
- B-2：介助のもと、車椅子に移乗し、食事または排泄に関しても、介護者の援助を必要
  とする。

ランクC

　ランクBと同様、「寝たきり」に分類されるが、ランクBより障害の程度が重い者のグル
ープであり、いわゆるbed-boundに相当する。日常生活活動の食事、排泄、更衣のいず
れにおいても介護者の援助を全面的に必要とし、1日中ベッドの上で過ごす。

- C-1：ベッドの上で常時臥床しているが、自力で寝返りを打ち体位を変える場合が該当
  する。
- C-2：自力で寝返りを打つこともなく、ベッド上で常時臥床している場合が該当する。

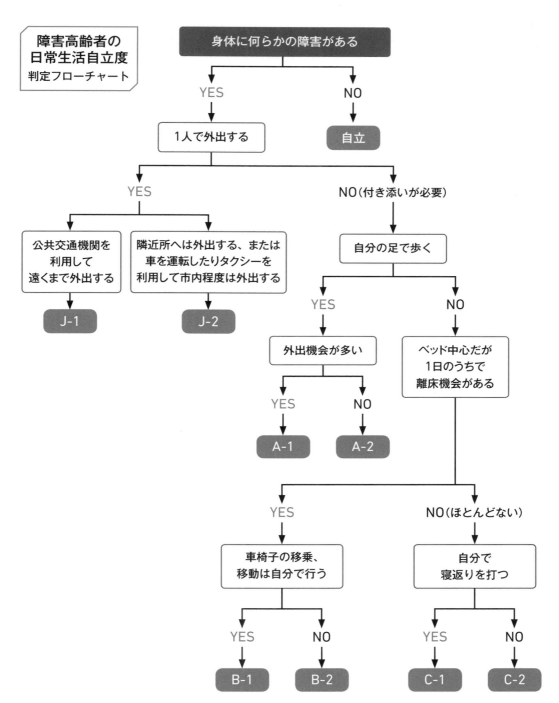

障害高齢者の
日常生活自立度
判定フローチャート

身体に何らかの障害がある

YES → 1人で外出する

NO → 自立

1人で外出する

YES

公共交通機関を
利用して
遠くまで外出する → J-1

隣近所へは外出する、または
車を運転したりタクシーを
利用して市内程度は外出する → J-2

NO（付き添いが必要）

自分の足で歩く

YES → 外出機会が多い

NO → ベッド中心だが
1日のうちで
離床機会がある

外出機会が多い

YES → A-1

NO → A-2

ベッド中心だが
1日のうちで
離床機会がある

YES → 車椅子の移乗、
移動は自分で行う

NO（ほとんどない） → 自分で
寝返りを打つ

車椅子の移乗、
移動は自分で行う

YES → B-1

NO → B-2

自分で
寝返りを打つ

YES → C-1

NO → C-2

※寝たきり度の判定チャートのため、車椅子中心の生活である場合や認知症がある場合は
ADLと合致しない場合があります

ふろく

2 認知症高齢者の日常生活自立度

判定の基準

調査対象者について、訪問調査時の様子や日頃の状況から、下記の判定基準を参考に該当するものを選択します。なお、まったく認知症を有しない者については、自立を選択します。

ランク	判 断 基 準	見られる症状・行動の例
Ⅰ	何らかの認知症を有するが、日常生活は家庭内および社会的にほぼ自立している	―
Ⅱ	日常生活に支障をきたすような症状・行動や意思疎通の困難さが多少見られても、誰かが注意していれば自立できる	―
Ⅱa	家庭外で上記Ⅱの状態が見られる	たびたび道に迷うとか、買い物や事務、金銭管理など、それまでできたことにミスが目立つ等
Ⅱb	家庭内でも上記Ⅱの状態が見られる	服薬管理ができない、電話の応対や訪問者との対応など1人で留守番ができない等
Ⅲ	日常生活に支障をきたすような症状・行動や意思疎通の困難さが見られ、介護を必要とする	―
Ⅲa	日中を中心として上記Ⅲの状態が見られる	着替え、食事、排便、排尿が上手にできない、時間がかかる。やたら物を口に入れる、物を拾い集める、徘徊、失禁、大声・奇声をあげる、火の不始末、不潔行為、性的異常行為等
Ⅲb	夜間を中心として上記Ⅲの状態が見られる	ランクⅢaに同じ
Ⅳ	日常生活に支障をきたすような症状・行動や意思疎通の困難さが頻繁に見られ、つねに介護を必要とする	ランクⅢに同じ
M	著しい精神症状や問題行動あるいは重篤な身体疾患が見られ、専門医療を必要とする	せん妄、妄想、興奮、自傷・他害等の精神症状や精神症状に起因する問題行動が継続する状態等

■ 判定にあたっての留意事項

● 特記事項に実際に記載された周辺症状などを判定根拠とします。

● 「認定調査員テキスト」では「認定調査項目に含まれていない認知症に関連する症状のうち、『幻視・幻聴』、『暴言・暴行』、『不潔行為』、『異食行動』等については、関連する項目の特記事項に記載するか、認知症高齢者の日常生活自立度の特記事項に記載すること」としていますが、実際は「幻視・幻聴」は独語・作話、「暴言・暴行」は介護抵抗・勝手な行動、「不潔行為、異食行動」は勝手な行動を関連項目として、それぞれの項目で評価している場合がほとんどです。

● 評価する具体的な期間の指定はありませんが、BPSD 関連の評価はおおむね過去 1 か月間であることから、それに準じて選択します。

ポイント

● 特記事項への記載方法としては、「（Ⅱb）物忘れや勝手な行動がときどきあるが、周囲の見守りや注意程度で生活できていることから選択した。」などの形で記載します。なお、選択理由に、特記事項にはまったく記載がない周辺症状を持ってくることはしないようにします。

● 判定基準となる介護の方法や必要性については、身体的な理由ではなく、認知症の観点から判断することとします。

● 判定結果が主治医意見書と違っていても何ら問題はありません。

ふろく

269

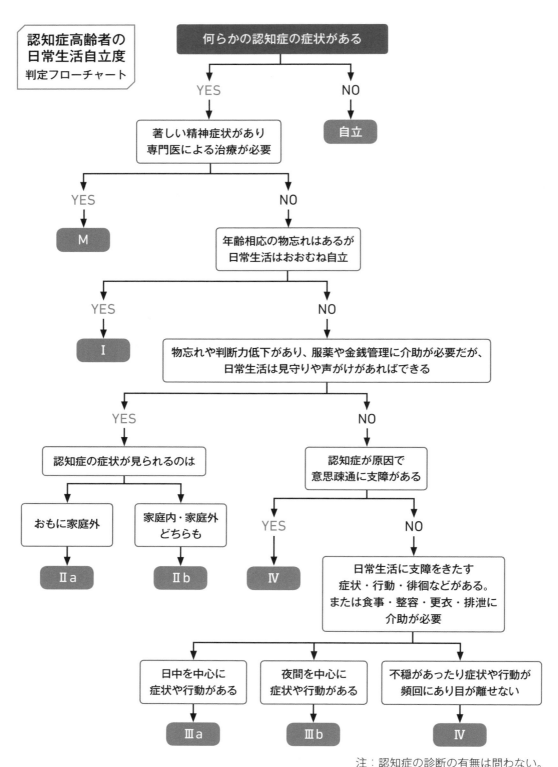

認知症高齢者の
日常生活自立度
判定フローチャート

何らかの認知症の症状がある

YES → 著しい精神症状があり専門医による治療が必要

NO → 自立

著しい精神症状があり専門医による治療が必要

YES → M

NO → 年齢相応の物忘れはあるが日常生活はおおむね自立

年齢相応の物忘れはあるが日常生活はおおむね自立

YES → I

NO → 物忘れや判断力低下があり、服薬や金銭管理に介助が必要だが、日常生活は見守りや声がけがあればできる

物忘れや判断力低下があり、服薬や金銭管理に介助が必要だが、日常生活は見守りや声がけがあればできる

YES → 認知症の症状が見られるのは

NO → 認知症が原因で意思疎通に支障がある

認知症の症状が見られるのは

おもに家庭外 → Ⅱa

家庭内・家庭外どちらも → Ⅱb

認知症が原因で意思疎通に支障がある

YES → Ⅳ

NO → 日常生活に支障をきたす症状・行動・徘徊などがある。または食事・整容・更衣・排泄に介助が必要

日常生活に支障をきたす症状・行動・徘徊などがある。または食事・整容・更衣・排泄に介助が必要

日中を中心に症状や行動がある → Ⅲa

夜間を中心に症状や行動がある → Ⅲb

不穏があったり症状や行動が頻回にあり目が離せない → Ⅳ

注：認知症の診断の有無は問わない。

注：日常生活の支障や介助の必要性は身体機能ではなく認知機能によるものとする。

今田富男（こんた　とみお）
1952年生まれ。山形県山形市在住。介護支援専門員。しあわせ居宅介護支援事業所代表。
篠田看護専門学校卒業後、看護師として有床診療所、病院、老人保健施設に勤務。2003年からは非常勤の介護支援専門員として居宅介護支援事業所に勤務。2012年から山形市介護認定調査員、2017年に介護認定調査専門の介護支援事業所を設立。現在、年間約220件の認定調査に携わっている。この他に介護認定調査員に向けたWebサイトを運営し、様々な情報を発信、全国の認定調査員とコミュニケーションを取っている。
元看護師の妻との2人暮らし。1男1女あり。趣味はロードバイク・釣り。
介護認定調査員向けWebサイト「介護認定調査員の部屋」（https://siawase.jp）

最新のケース事例でやさしく解説
要介護認定調査の評価・判断ポイントがわかる本
2024年1月1日　初版発行

著　者　今田富男 ©T.Konta 2024
発行者　杉本淳一

発行所　株式会社 日本実業出版社　東京都新宿区市谷本村町3−29 〒162-0845
　　　　編集部 ☎03−3268−5651
　　　　営業部 ☎03−3268−5161　振替 00170−1−25349
　　　　　　　　　　　　　　　　https://www.njg.co.jp/
　　　　　　　　　　　　　印刷／厚徳社　　製本／若林製本

総務担当者のための
介護休業の実務がわかる本

宮武貴美 著
定価 2420円（税込）

定年延長、雇用確保などにより、今後、企業が必ず直面する従業員の「親や配偶者、子どもの介護×仕事」の両立支援について、総務担当者が知っておきたい実務を解説する本。従業員向けと管理職向けの著者オリジナル手引きダウンロードサービス付。

やるべきことがストーリーでわかる
親の介護の不安や疑問が解消する本

田中克典 著
定価 1760円（税込）

介護認定の手続き、介護保険のサービス内容、困ったときの対応策、介護にかかるお金、親への接し方などについて、現役ケアマネジャーの著者がストーリー仕立てでわかりやすく解説します。親の介護に直面したとき子どもが知っておくべき知識が満載。

家族が「うつ」になって、
不安なときに読む本

下園壮太／
前田理香 著
定価 1760円（税込）

大切な人が「うつ」になり、寄り添っているうちに「苦しい」「つらい」といった感情を抱いたり、自己嫌悪に陥ったりしているあなたへ。数多くのカウンセリングを行なってきた著者が、「うつ」の正しい知識と、我慢せず「見守る」コツを教えます。